LES
JOLIES FILLES.

Imprimerie de A. BELIN,
Rue Ste.-Anne, 55.

LES
JOLIES FILLES

PAR

MM. E.-L.-B. de Lamothe-Langon
et Lafosse-Touchard.

Tome premier.

CHARLES LACHAPELLE, ÉDITEUR,
75, RUE SAINT-JACQUES.

1834.

ON PERD SON AVENIR.

CHAPITRE I.

Les Deux jeunes Filles.

Que j'aimerais une femme constante ! s'écriait hier Urbain; en me montrant les portraits de ses vingt maîtresses.

RECUEIL DE MAXIMES.

— Non, Charles, cela n'est pas bien; tu as tort de feindre de l'amour lorsque ton cœur est tranquille. Cette pauvre créature te croira dans toute sa simplicité, et tu la rendras malheureuse.

— Le grand malheur en effet, mon cher Eugène, que de s'éprendre d'un bel amour à l'encontre d'un beau garçon; car, enfin, je suis très-présentable. Il y a dans le quartier plus d'une jolie fille, ou femme à l'avenant, qui ne demanderaient pas mieux d'avoir à accueillir mes hommages; je le sais, et n'en tire pas plus de vaine gloire : je les adresse à Pauline, et tu veux qu'elle s'en désespère? En vérité, ce serait le monde renversé. Sais-tu, Eugène, que ces manières de jésuite ne te conviennent pas? Nous devons être tous de bons garçons, enfans de la joie, et quand on appartient à la société des *Bons Camarades*, la morale n'est guère de coutume, et, si tu continues, je proposerai ton exclusion.

— N'aurai-je pas plutôt le droit de demander la tienne; car, enfin, y a-t-il de la franchise dans ton fait?

— Oh, calomniateur ! Et où vois-tu ma duplicité? est-il un amour plus sincère, plus ardent? J'adore Pauline; je lui sacrifie les cours de l'Ecole, ceux du Jardin-des-Plantes, les visites aux amis de mon père; ne sont-ce pas là des haulocaustes qui témoignent invinciblement en faveur de ma passion?

Eugène se mit à rire.

— Cela prouve, poursuivit-il, que tu n'as ni désir d'étudier ni attraits pour la bonne compagnie.

— Comme tu empoisonnes les effets de l'attachement le plus tendre. Je ne quitte jamais Pauline, et tu vas en conclure bientôt que c'est parce que je ne l'aime plus.

— Combien en as-tu déjà aimé aussi ardemment?

— Combien?... en sais-je le nombre! Je suis très-sensible, et alors partout où je crois pouvoir placer du sentiment, je me présente... Mais cette fois, je suis fixé sans retour... et à ma Pauline pour la vie....! Dis donc, Eugène, connais-tu cette céleste créature qui vient à nous? Vois comme elle est bien chaussée; ce n'est pas une parisienne. La charmante demoiselle! Quels yeux étincelans!

— A Pauline pour la vie! s'écrie Eugène en riant encore plus fort.

— Oh! Pauline ne vaut pas celle-ci, dit Charles sérieusement, et je suis trop *Franc-Camarade* pour refuser d'en convenir; mais qui est-elle, ce divin ange de la rue Serpente? je vais la suivre; je saurai où elle loge, où elle... va... Elle a souri en me regardant; je lui plais. Va, céleste fille! livre toi à l'amour que je t'inspire, ma fidélité t'en récompensera.

C'était la monomanie, le *dada* favori de Charles Norbene que cette prétention à la fidélité, tandis qu'en réalité, il était le plus volage des hommes; chaque femme agréable attirait tour à tour ses hommages, et il croyait aimer pour toujours chaque fois qu'il aimait bien, ce qui lui arrivait souvent.

Mademoiselle Pauline, sa passion éternelle de la semaine, était une brodeuse sous la surveillance de madame sa mère, qui avait tant usé son cœur dans sa jeunesse et dans l'âge mûr, qu'elle en avait conclu la nécessité de veiller opiniâtrément sur sa fille. Aussi lui laissait-elle peu de liberté, point le droit de descendre dans la rue que sous l'escorte maternelle ou sous celle de sa sœur aînée, prodige de laideur et de jalousie, et par conséquent portée à détester la gente Pauline, si séduisante, si douce, et qui charmait tous les garçons de la rue des Mathurins-Saint-Jacques. Charles Norbène, étudiant en médecine, logeait vis-à-vis la famille Oucher, et à sa hauteur, c'est-à-dire au cinquième étage. L'inclination des deux jeunes gens avait commencé en face du ciel leur voisin. Les œillades avaient fait leur office d'abord, puis vinrent les gestes, puis l'écriture sur papier vert en annonce d'espérance, en débutant; ensuite sur papier bleu par témoignage de constance à toute épreuve, et maintenant sur papier blanc ou rose, ce qui signifiait que l'on mourrait en cas de besoin, en preuve de pureté d'un amour sans exemple.

Plus Pauline était retenue, plus sa mère lui recommandait de fuir les garçons, et moins elle se sentait disposée à obéir aux injonctions prudentes de madame Oucher. Charles parlait à son cœur avec une bien autre éloquence. Charles, si beau garçon, aux moustaches romantiques, à la casquette rouge républicainne, et qui détestait la noblesse, attendu qu'il était riche bourgeois, et qui prêchait le suffrage universel parce que son père, éligible, n'avait pu encore être élu député.

La tendresse du jeune homme était d'autant plus impétueuse que ses désirs n'avaient pas été satisfaits. A peine s'il pouvait parler à la dérobée à Pauline, et ceci à l'aide de son ami Eugène, étudiant en droit, et commensal de la famille Oucher, qui lui louait un quatrième étage de leur maison d'habitation, d'où le luxe était banni selon l'usage du pays latin, où l'on se contente d'être clos et couvert, conditions qui même ne sont pas toujours rigoureusement remplies.

Eugène avait le malheur d'appartenir à la classe proscrite, aussi était-il sévère sur le véritable point d'honneur; il ne donnait pas en l'air sa parole, et tenait à remplir les engagemens reposant uniquement sur la confiance qu'il inspirait. Il croyait en Dieu et en quelque chose de plus digne que son intérêt personnel. Aussi était-il qualifié, par ses camarades d'étude, de sournois, de pédant et d'ennemi du peuple. Charles cependant appréciait ses qualités supérieures, et, tout en appelant de sa brusquerie à son égard, cherchait à l'approcher tant qu'il pouvait, et se glorifiait de leur intimité.

C'était en venant voir Eugène que le futur docteur Norbène parvenait à rencontrer furtivement Pauline sur l'escalier, ou lorsqu'elle allait reporter de l'ouvrage, mais c'était en manière d'éclair; à tel point, il fallait se hâter: la mère Oucher ou sa sœur Aspasie étaient là sans cesse, et, lorsqu'on les croyait bien loin, elles apparaissaient inopinément, et il en résultait l'effet ordinaire: Que la difficulté de se voir inspirait un nouvel aliment à la passion de Charles, qui se croyait bien épris parce qu'il n'était pas heureux.

Mais, disent les Chinois : Si on nous dit que deux montagnes se sont rencontrées, nous pourrons en admettre à toute force la possibilité, tandis qu'il est incroyable qu'un caractère change. Charles aurait pu servir de preuve à l'axiôme des anciens temps; car tandis qu'il parlait de sa flamme constante pour la jolie brodeuse, une nouvelle divinité lui apparaissait dans la rue Serpente, et il la suivait (ayant abandonné Eugène), dans le chemin qu'elle suivait vers la rue des Poitevins. Elle prit par celles Mignon et du Jardinet sans que le fidèle Charles se lassât. Il admirait la légèreté de sa démarche, l'élégance de sa taille, la beauté de ses cheveux noirs, qui s'échappaient de dessous son très-modeste chapeau de paille qui la coeffait. Qui était-elle ?... Oh, une simple plébeïenne ; cela se reconnaissait à la parure sans prétention, aux balancemens du corps, à l'incertitude du pas, à ces habitudes involontaires qui nous placent malgré nous dans notre classe positive, lors même que nous cherchons à nous en écarter. C'était une ouvrière, ou lingère ou en modes, une couturière ? Non, car elle avait plus de gentillesse, de laisser-aller et de moëlleux abandon.

Elle cheminait toujours et entra dans le passage de Rouen. Charles n'eut garde de l'abandonner; il la suivait en mesurant sa marche sur la sienne, en évitant de la dépasser, et surtout de se laisser voir.... Mais c'était en vain qu'il prenait ces précautions : une jeune fille a un démon familier, un sylphe plutôt, qui lui dit à l'oreille, en toutes circonstances, ce que ses yeux ne peuvent voir, et celle-là ne manquait pas sans doute de cet espion surnaturel, puisque tout-à-coup, se retournant et s'arrêtant à la fois, elle montra son visage si blanc, si rose, si frais; ses traits si purs, si malins à la fois, et cette bouche mignonne, bien coupée, vermeille; et ce nez retroussé, qui, à lui seul, pétillait d'esprit, tant il était semblable à une épigramme; et ses yeux noirs, non pas grands, mais étincelans en manière d'escarboucles animées ; et ce front élevé, satineux, pur; et cet ovale si bien dessiné; et encore, par dessus tout cela, ce sourire fin et moqueur, qui laissa voir trente-deux perles d'Orient (je demande pardon à l'école nouvelle si j'explore une figure ancienne). Charles fit comme moi, il oublia l'école poétique actuelle, et il se dit : Qu'est-ce, si ce n'est Hébé en la compagnie de la Folie?

Nous allons de telle manière, que pour trouver du neuf il est nécessaire de retourner au vieux.

Cette merveille s'arrêta donc, et, faisant plus :

— Monsieur, s'avisa-t-elle de dire à Charles, pourquoi me suivez-vous ?

— Moi, mademoiselle !

— Oui, vous ! Est-ce que je parle à d'autres ?

— Je vais mon chemin.

— Vous mentez ! c'est le mien que vous suivez. Savez-vous si je le trouve bon ? Et pensez-vous que j'aie été assez infortunée pour avoir attendu le moment de vous rencontrer sans qu'auparavant je n'aie pu placer mon cœur convenablement ? En vérité, si c'est votre pensée, elle m'est bien injurieuse, et si, au contraire, vous avez celle de l'emporter sur l'ami de mon choix si j'en ai un, vous avez trop d'amour-propre.

Cette manière brusque et piquante d'entamer la conversation, et la vivacité dont s'animaient des traits déjà remplis d'expression, tout se réunit pour confondre Charles et lui enlever une partie de son assurance primitive. Il se demanda d'ailleurs quel était le but de l'inconnue en lui parlant ainsi? Voulait-elle le congédier? ou serait-ce un piége destiné à mieux le saisir? Il ne resta pas long-temps dans cette incertitude de l'ame, et répondant du ton dont on l'avait interrogé :

— Je vous suis, dit-il, parce que je vous trouve adorable, et, quant à ce qui peut en advenir, je m'en remets à la fortune, à mes soins et à votre indulgence.

— Ainsi, selon vous, je serais de ces demoiselles au bon cœur, qui, plutôt que de désespérer un jeune homme, le prendraient en second, en troisième, en quatrième adorateur; si c'est là votre pensée, elle m'est peu honorable.

— Ne peut-on venir l'un après l'autre?

— Oui, changer d'amour comme de mouchoir, ainsi que vous faites sans doute, vous à qui ce manége paraît si facile.

— Eh bien, mademoiselle, c'est ce qui vous trompe! il n'est pas au monde d'homme plus constant. Ce sont les femmes qui sont si volages! qui jamais a pu les fixer? il y en a trente au moins qui déjà m'ont trompé indignement. Ah! mademoiselle, j'ai été bien malheureux!

— Pauvre jeune homme! vous êtes à plaindre, lui fut-il répondu avec un ton de pitié moqueuse, quoi! on vous a toujours abandonné en premier?

— Je ne suis parti que bien certain de n'être plus aimé.

— Et cela ne vous a pas dégoûté de la chose?

— Elle est si douce! J'ai cherché ailleurs

ce que là on me déniait, et sans plus de succès.

— Il y a, dit la jeune espiègle avec une mine railleuse, un rapport singulier entre nous deux; je n'ai non plus de mon côté pu rencontrer un homme fidèle, et pourtant ce n'est pas faute de l'avoir poursuivi.

— Dans ce cas il conviendrait, dit Charles, d'essayer si nous serions faits l'un pour l'autre.

— Est-ce votre avis ?... Je suis très-craintive.

— Et moi si confiant!

— Vous êtes, dites-vous, constant; je crois l'être; il est certain que si nous nous arrangions... Et si, par un effet contraire, nous ne nous convenions pas?

— Dans ce cas, chacun se remettrait en quête.

— Je suis lasse de courir, dit la jeune fille : le repos est si doux !

— Et moi, cette perturbation perpétuelle m'est insuportable. Aimons-nous.

— Oh ! monsieur l'étudiant, pas si vite. Est-ce votre habitude de jeter au hasard votre cœur ? Je ne m'étonne guère si on en joue à la paume, et s'il va et revient si souvent. Je ne donne pas le mien de cette façon ; je veux qu'on le gagne, et il faut que je connaisse celui à qui je finis par l'abandonner.

— Je me nomme Charles Norbène, je suis de Poitiers, j'étudie à Paris la médecine, j'ai vingt ans, quelque fortune, des principes, et en plus suis républicain.

— Je l'avais deviné à votre coëffure éclatante ; vous êtes un partisan en expectative de l'égalité, en attendant que vous disiez fi de celle-là comme tour à tour vous le dites des jolies filles. Je suis, à vous servir, Ambroi-

sine Liégeon, demoiselle mineure; j'ai dix-
huit ans, point de mère ni de père, je travaille
en modes, mais chez moi, rue des Bouche-
ries-Saint-Germain, au coin de celle du
Cœur-Volant, et en face celle des Mauvais-
Garçons; ma chambre est au quatrième sur
le devant; quant à mes biens, ils sont le
fruit de mon travail et d'une rente; quant à
ma personne, vous la voyez; quant enfin,
à mon caractère, le temps vous le fera connaître.

— Vous agréez donc mes soins?

— J'autorise votre visite, et si à la première je m'ennuie, je vous tiendrai quitte
de la seconde.

— Mademoiselle, dit Charles piqué au
jeu, vous avez des manières peu communes:
vous êtes sincère.

— Vous verrez mieux plus tard; quant à
aujourd'hui, il ne nous reste rien à dire. Je

suis pressée de rentrer; mais si demain vous vous rappelez mon souvenir, vous trouverez ma personne au lieu indiqué; tout ce que je vous recommande, c'est de ne pas venir avant dix heures du matin ni après cinq heures du soir. Pourquoi cela? me demanderez-vous; parce que cela me convient. Adieu, monsieur Charles; il serait plaisant que nous pussions nous entendre.

Ambroisine fit un pas pour continuer sa route, puis tout-à-coup s'arrêtant et se retournant vers l'étudiant, et avec une expression grave et bizarre :

— Monsieur, je vous conseille de ne pas venir chez moi.

— Quelle folie! s'écria Charles, pourquoi me repousser après avoir consenti?

— Je ne vous repousse pas, monsieur; je vous conseille, lui fut-il dit du même ton de gravité. Ceci, au demeurant, est pour l'acquit de ma conscience, et désormais, quoi qu'il arrive, je n'aurai rien à me reprocher.

— Je prends sur moi toutes les conséquences possibles.

— Tout comme il vous plaira. Adieu donc, Charles, au revoir.

CHAPITRE II.

La Ressemblance.

> Il y a parfois dans le hasard un calcul tel qu'il déconcerte toutes les prévisions humaines.
>
> MANOURY, *Plaidoyers*.

— C'est qu'elle est jolie comme un ange, et maligne comme un lutin! l'amour, avec elle, sera délicieux... il est si tranquille avec Pauline... Chère Pauline, qu'elle est douce, naïve, timide!... que la différence est grande entre elle et Ambroisine ! Laquelle vaut mieux ?... toutes les deux ; pourquoi choisir? c'est folie! Je vais mener ces intrigues de front : à Pauline mon cœur, à l'autre ma fantaisie. Je les aimerai également, et toujours, surtout; oui, toujours! car, sans la constance, est-il quelque bien ici-bas ?

Charles Norbène, en faisant ce monologue mental, s'en revenait chez lui, oubliant encore le cours que ce matin il devait suivre, et bien plus occupé de ses deux maîtresses présentes que de ses patiens futurs (je veux dire de ses malades). Il se mit à rêver d'amour au lieu de méditer sur les aphorismes d'Hippocrate ; il lui tardait d'être au lendemain : hâter le cours de la vie est le travail de la jeunesse, et quand elle a dévoré le temps, elle a cru l'employer; c'est une erreur bien commune. Charles aurait voulu déjà être au lendemain.

Caché à demi derrière le rideau de serge verte de sa fenêtre gothique, il examinait Pauline travaillant devant la sienne, et le regardant aussi à la dérobée. Cette contemplation a un charme dont les indifférens n'ont aucune idée ; quand on peut se voir, on rêve le reste, et en amour, plus qu'en toute autre chose, on est long-temps à prendre des illusions pour des réalités.

Pauline paraissait triste. Sa mère l'aurait-elle grondée? Comment le savoir? Eugène n'était pas chez lui, mais à l'école de Droit ; il fallait attendre son retour, et quand reviendrait-il? pas avant un siècle, car il était midi, et il ne reparaîtrait qu'à une heure. Sur ces entrefaites, on frappa trois coups à la porte de la chambre. Charles, au lieu de crier *entrez!* y courut et l'ouvrit précipitamment.

—Pardon, monsieur, j'ai cru entrer chez un ami.

— Et vous êtes bien certain de vous tromper? demanda Charles, stupéfait, à la vue d'un jeune homme qui ressembait, trait pour trait, à cette belle Ambroisine Liégeon qu'il avait vu naguère.

Oui, c'était le même visage, la même physionomie, une taille pareille, l'éclat des yeux et leurs couleurs, la forme du nez et de la bouche, la physionomie également spirituelle et maligne, un corps aussi cambré, aussi souple; en un mot, la jeune ouvrière en modes, mais en habits d'homme, point élégans, très-fatigués, au contraire; les mains peut-être moins blanches et moins potelées; elles avaient la rudesse qui provient du travail; un chapeau usé, mis à la tapageuse, couvrait de superfins cheveux noirs, bouclés comme ceux de mademoiselle Ambroisine, et se montrait en harmonie avec l'ensemble tapageur du survenant.

Charles, au premier coup-d'œil, s'imagina que c'était l'espiègle ouvrière, lestement déguisée, et cette croyance lui inspira le propos singulier qu'il adressa au survenant; mais, l'ayant mieux examiné, il reconnut son erreur, quoique cependant il demeurât persuadé que, du moins, c'était le frère, à défaut de la sœur. L'inconnu avait rougi, et, au propos que lui tint Charles, répliqua :

— Je ne vous connais point.

— C'est vrai, monsieur... Vous me rappelez une personne... que j'ai rencontrée... et qui vous ressemble... Êtes-vous sans frère ni sœur?

— Je n'ai ni l'un ni l'autre... Mais pardon de vous avoir dérangé.

Et il se recula pour sortir, car il était entré malgré lui, au moment que la porte avait été ouverte.

— Monsieur, dit Charles, qui éprouvait un désir d'instinct de continuer la conversation, je connais tous ceux de mon âge logés dans cette maison, et si vous me nommez votre ami, je pourrai vous éviter l'embarras d'aller frapper à chaque étage.

— Je vois que j'ai pris un logis pour l'autre; c'est Pacot Sestier à qui j'ai affaire.

— En effet, il ne demeure pas ici.

— Bon soir, monsieur.

Et l'inconnu descendit rapidement l'escalier, sans sympathiser avec le désir de Charles. Celui-ci courut à la fenêtre pour le suivre dans la rue, afin de voir où il entrerait; mais il ne put se satisfaire sur ce point, le jeune homme poursuivit sa route et tourna vers la Sorbonne. Il avait sans doute changé de dessein. Charles ne revenait pas de sa ressemblance incroyable avec Ambroisine, et ce qui l'étonnait plus encore, c'est qu'il ne lui fût pas attaché par les nœuds du sang : dans tous les cas, l'inconnu était un joli garçon, ce qui n'excusait pas les apparences d'un mauvais sujet, car le délabrement de son costume, ses mouvemens, et ce cachet indélébile qui marque les vauriens, se réunissaient pour ranger celui-là dans la classe de ceux-ci. Il devait appartenir à cette masse nombreuse de batteurs de pavé qui vivent, non de leur travail, mais de leur oisiveté coupable, et qui débutant par des escroqueries, finissent par aller s'asseoir au fatal tabouret.

Charles, étourdi, dissipé, mais honnête, se félicita que ce garnement n'eut de commun que l'apparence avec mademoiselle Ambroisine, et peu à peu finit par oublier ce léger incident. Pauline demeurait en sa présence, concentrée dans sa mélancolie... Eugène arriva enfin ; Charles courut chez lui, et lui racontant son aventure de la matinée, protesta plus que jamais à son ami qu'il ne cesserait, jusqu'au tombeau, de chérir la gente Pauline Oucher.

Pauline l'avait vu venir chez Eugène, et alors se rappela qu'elle manquait de fil. Sa mère était sortie ; sa grande sœur restait en sentinelle. L'obtion lui fut apportée d'aller chez la mercière ou d'y laisser aller la brodeuse. La laide Aspasie crut voir à celle-ci le désir de prendre l'air, et, en conséquence, déclara qu'elle était prête à se mettre en course, donnant par-là dans le piège tendu à sa désobligeance accoutumée. A peine eut-elle descendu l'escalier, que Charles, toujours aux aguets, le monta d'un étage ; Pauline était seule, et dès qu'elle eut vu l'étudiant :

— Qui donc était, demanda-t-elle, cette demoiselle de bon cœur, dont la conversation et la compagnie vous plaisaient tant?

— Une demoiselle et moi?...

— Oui, dans le passage de Rouen.

— Ah! j'y suis, répondit Charles; oui, vraiment, une très-jolie personne, la bonne amie d'Eugène, avec qui elle est brouillée; je travaillais à leur raccommodement.

— La bonne amie d'Eugène...! répéta Pauline, indécise s'il fallait ou non croire cette explication; je me figurais M. de Selmard si sage... Il en a donc, lui, une bonne amie; est-ce pour le bon motif?

— Eh! mon Dieu! peut-il én être autrement?

— Vous êtes tous des perfides! dit la jeune fille.

— Même moi, moi, Pauline, qui t'aime tant?

—Toi comme les autres; car quelle preuve de ta sincérité, tu ne parles pas à ma mère?

— C'est, vois-tu, qu'auparavant il faut que j'avoue à mon père l'amour que je te voue; je ne peux le faire que dans deux ans, lorsque mes études seront terminées; alors je serai un homme, et alors tu deviendras ma femme.

— Deux ans, que c'est long!

— Oui, mais lorsqu'on s'aime bien on l'abrège, et si je te suis cher...

Un baiser pris et rendu suspendit la causerie. Ce silence donna le loisir à la jeune fille d'entendre, sur l'escalier, le pas pesant de sa sœur; elle le signala à Charles, qui, d'un saut, vint sur le pallier, et monta rapidement à l'étage supérieur. Aspasie, ne l'ayant pas vu, referma la porte; lui, alors, descendit chez son ami.

— Eugène, dit-il, je viens de te faire cadeau d'une maîtresse charmante; elle t'appartient, bien que vous soyez en querelle; je travaille à vous remettre en paix, et j'y parviendrai, Dieu aidant.

Eugène le regarda avec des yeux étonnés; puis répliqua :

— Et qui t'inspire cette extravagance?

—C'est une réalité positive : tu es violemment épris d'une beauté parfaite, mais ta légèreté vous sépare souvent...

— T'expliqueras-tu, Charles?

Et Charles, en réponse, raconta à son ami ce qui venait de se passer.

— Tu me sembles trop ami de la vérité pour vouloir soutenir un mensonge, dit Eugène à son tour, et afin que tu puisses jurer en conscience à Pauline que tout cela est vrai, il faut me présenter à cette séduisante Ambroisine, que certainement j'aimerai, puisqu'elle a tant d'esprit et de beauté.

— Bon! reprit Charles en riant; Dieu me préserve de commettre une faute pareille! je ne veux pas exposer ta vertu.

— Mais, alors, que dirai-je à Pauline?

— Ce que tu voudras; tu es incapable de me trahir?

— Ma probité...

— Écoute, Eugène, laisse-moi voir ce qu'est Ambroisine, et puis...

— Viendra mon tour.

Charles plaisanta, engagea son ami à l'aider dans cette tromperie, et les principes d'Eugène durent faiblir devant l'amitié : il est des cas où l'honneur agit autrement qu'il pense; ceux-là sont communs, ne nous en étonnons pas.

La journée finit, quoique Charles la jugeât éternelle dans sa durée, et le lendemain, à neuf heures du matin, il était dans la rue des Boucheries, lorsqu'il se rappela que l'entrée, chez Ambroisine, lui était interdite avant dix heures. Comment employer soixante minutes? quelle masse énorme de temps à consommer! Il prit par la rue de Tournon et celle de Vaugirard, et entra au Luxembourg, allant au hasard, tenant presque toujours sa montre à la main, et comptant les secondes : chaque instant a un cours décidé pour celui qui le passe à attendre. Charles s'assit sur un banc et se mit à réfléchir, non point en philosophe, mais en amant qui a son cœur deux fois pris, et qui tient à se prouver qu'un double amour est chose très-naturelle, et légale, surtout.

Quelqu'un se plaça auprès de lui. Charles leva la tête : c'était le jeune homme de la veille, le portrait vivant de cette Ambroisine qu'il allait voir bientôt. Celui-là le reconnaissant à son tour, laissa échapper un geste d'impatience; il pâlit même, et puis, se remettant, détourna son visage. Il parut à Charles que la politesse n'était pas son fort, qu'il voulait en outre éviter un rapprochement plus intime. Charles se conforma à son désir manifeste, et ne tarda pas à s'éloigner. L'aiguille avançant enfin vers l'heure indiquée, ce léger incident laissa peu de traces dans son esprit trop occupé du plaisir qu'il allait se procurer.

Mademoiselle Ambroisine Liégeon demeurait à la maison indiquée; il parvint à son appartement, composé d'une entrée en forme d'antichambre, ayant trois pieds carrés, d'une pièce assez vaste, et d'un cabinet à côté, où se trouvait un second lit : il y en avait un dans la première chambre. Cette disposition locale inspira plus d'une pensée chagrine au jeune homme ; il les contint pourtant, sauf, plus tard, à en décharger son cœur.

Charles était attendu, il le reconnut sans peine à la propreté exquise, à l'ordre parfait du lieu : chaque objet était à sa place, les rideaux de la croisée relevés en draperie, les meubles frottés; rien ne manquait, pas même les bouquets, dans deux vases de porcelaine blanche. Ambrosine avait devant elle une table ronde, couverte d'un tapis de drap bleu, et chargée de chiffons, de fleurs artificielles, de rubans, de chefs d'or, et d'étoffes de soie et de velours; deux marotes coiffées, des pelotes, une grimace achevaient de certifier qu'une ouvrière en modes était bien positivement la maîtresse de l'endroit.

Le reste du mobilier annonçait ou une ancienne aisance ou une acquisition toute récente : l'acajou, garni de bronze, de la commode, du secrétaire et du lit; les deux fauteuils, les quatre gondoles en soie bleue, à couronnes d'or, manquaient de fraîcheur, et non pas de magnificence, et à côté, les ustensiles en poterie d'un ménage vulgaire; le bois, le charbon, entassés dans un coin, formaient un disparate criard, propre à jeter de l'incertitude dans toute conjecture qu'on voudrait établir.

Le costume de la jeune ouvrière ne manquait pas de goût, quoique très-simple; chacune des parties qui le composaient se faisait remarquer par sa fraîcheur; les papillottes défaites témoignaient encore plus hautement que le reste, le désir qu'on avait de plaire, et la solennité qu'on attachait à la visite qui allait venir.

Charles reconnut tout cela rapidement; lui-même s'était à l'avance mis à l'unisson : ses vêtemens n'offraient rien de négligé, et un chapeau gris remplaçait la casquette rouge de la veille; il jouait avec une canne de bois de Chine, enduite d'un beau vernis noir, orné de figures dorées, et un anneau d'or, entouré de rubis, retenait le nœud coulant du cordon à la mode. Charles ne comptait point parmi les merveilleux de l'époque, mais un sentiment intime lui disait que, pour plaire à une femme, il ne faut négliger aucun avantage extérieur; les yeux sont presque toujours la meilleure route à suivre pour arriver droit au cœur. Ce qui est en vue est ce qui séduit d'abord la puissance de l'esprit; ne s'établit qu'insensiblement celle de la beauté; or, le charme de la parure frappe d'abord : les dames savent cela mieux encore que nous.

CHAPITRE III.

Les Bottes.

> Quand on s'avise d'aimer la première venue, il faut ajouter à cette folie, celle de la croire sur parole.
>
> SAGESSE DES NATIONS.

— Vous êtes un homme ponctuel, monsieur Charles, car je crois que vous vous appelez ainsi?

— Oui, mademoiselle Ambroisine; aussi exact que tendre et que fidèle.

— Et bien vous faites; aussi devez-vous être heureux... Mais j'oublie que, malheureux à mon imitation, vos maîtresses vous font l'injure de vous abandonner. Savez-vous qu'à mon tour j'aurais envie de savoir si vous valez mieux que le reste des hommes?

— Essayez, peut-être serez-vous satisfaite.

— Non, non; vous ressemblez à tous vos frères.

Et la jolie fille secoua la tête de manière à la faire tourner au jeune étudiant. Il sentit son cœur s'agiter, et en même temps ce mot de frère lui rappela l'inconnu de la veille, revu ce même matin, et ceci donnant un nouveau cours à ses idées, il prit la main qu'Ambroisine étendait négligemment sur la table.

— Avez-vous donc, dit-il, si mauvaise opinion de mes semblables, et n'avez-vous aucun parent qui vous réconcilie avec mon sexe?

— Aucun, fut-il brièvement répondu.

— Pas de cousin?

— Non.

— Ni de frère?

— Non.

— Ainsi vous êtes seule?

— Oui, et orpheline, vous contai-je hier.

— Eh bien, reprit Charles, le hasard produit des ressemblances étranges; il y a peu de temps encore que j'étais auprès d'un jeune homme dont la ressemblance avec vous est surnaturelle.

L'ouvrière en modes se baissa pour ramasser le dé qui lui échappait; Charles fit comme elle : il en résulta une sorte de confusion, parce que la bouche de l'un se trouva au niveau de la joue de l'autre, aussi parut-il simple au premier, quand la seconde releva sa tête, qu'une vive rougeur colorât ses traits. Ambroisine dit alors :

— Et vous connaissez beaucoup ce garçon?

— Non, et malgré mon désir de me lier avec lui en vertu du charme qu'il m'inspirait, je n'ai pu y réussir; car il a paru prêt à repousser mes avances.

— Et il a bien fait, et vous avez tort de vous jeter ainsi à la disposition du premier venu; c'est un mauvais sujet, peut-être?

Charles ne répondit pas. Un nouveau sentiment s'élevait en lui; il venait d'apercevoir, dans la petite chambre voisine, une paire de bottes à moitié cachées sous le lit... Des bottes chez une orpheline sans famille ! Il y avait là de quoi faire rêver un amant qui débutait. Cet aspect médusa l'étudiant, lui enleva sa présence d'esprit à tel point que sa mauvaise humeur s'attacha à résoudre sous formes innocentes le problème qui lui était présenté;

mais là où on dénie père, frère, cousin, et où des bottes se rencontrent, il doit à coup sûr y avoir un amant, et un amant en intimité complète, presque établi, si même il ne l'est pas complètement.

La position où Ambroisine était assise ne lui permettait pas de suivre la direction des yeux de Charles. Elle voyait celui-ci oppressé, inquiet, et attachant ses regards sur un objet curieux sans doute puisqu'il ne le perdait pas de vue. Elle attendit quelque temps, puis, à son tour, le touchant de la main gauche :

— Que regardez-vous? demanda-t-elle.

— Etes-vous mariée? répartit-il brusquement.

— Non, monsieur.

—Toujours non, mademoiselle! s'écria Charles avec impatience, et les bottes que voilà?

Et il les montrait du doigt. Et la modeste

ouvrière, se retournant, les vit aussi, et dit avec un calme sans exemple :

—Eh bien! ce sont des bottes; qui le nie,? n'en avez-vous pas chez vous?

— Et si vous, venant chez moi, y trouviez des brodequins de femme, que vous en semblerait?

— Mais qu'il y en a chez vous. Est-ce une marchandise prohibée?

—Et vous n'avez aucun parent, ni mari, ni...

— Achevez, monsieur!

— Ni amant, mademoiselle?

— Oui, ni amant. Vous pouvez le dire, et nul ne vous démentira. Que mon cœur soit neuf, je ne m'en vante pas; mais que ces rebuts de friperie soient là justement pour m'accuser, c'est ce que je nie. Au reste, vous n'aurez de moi que cette explication; si elle vous suffit, j'en serai bien aise; si elle vous déplaît, tant pis, je n'irai pas plus avant.

Il est certain que toute résistance positive et brusque a sur nous, ordinairement, un empire assuré. Charles s'était cru d'abord en droit de se fâcher, et maintenant il reconnaissait la nécessité de se taire; car avec Ambroisine, il fallait la prendre comme elle le voulait ou renoncer à lui plaire. Les passions qui naissent dans la rue manquent de cette délicatesse fière qui rend les cœurs susceptibles. Charles tenait à augmenter la liste de ses maîtresses d'une jolie personne; il la rencontrait, que devait-il exiger de plus? Rien sans doute. Aussi renonça-t-il à poursuivre cet incident dans ses diverses ramifications; et, bien que ces bottes lui fussent une vision désagréable, il n'en parla plus et traita une autre question.

Ici il fut mieux écouté. Il est une matière toujours bien accueillie; celle de l'amour, inépuisable d'ailleurs. Ambroisine trouvait

Charles à son gré; mais soit calcul, ce qui est possible, soit raison, ce qui n'est guère vraisemblable, elle se refusa à une intimité à laquelle l'étudiant voulait parvenir.

— Quand je vous connaîtrai mieux, dit-elle; oui, plus tard, car enfin nous datons d'hier seulement.

— D'hier, n'est-ce pas du déluge!

— Ou à peu près, j'en conviens; néanmoins il ne me faut qu'une passion vieille.

— Mais quand vous reverrai-je?

— Tous les jours, vous ai-je dit, de dix à cinq heures; pas avant, point après, je vous le répète.

— On croirait que vous avez un sabbat journalier.

— Qui sait où je vais lorsque la nuit est venue?

La gaîté d'Ambroisine parut visiblement forcée; Charles s'en aperçut, et ce mystère lui inspira un désir plus vif de se lier avec cette belle personne.

— Je saurai qui elle est, se dit-il; je découvrirai ses allures, ce qu'elle fait; et si elle me trompe... et moi, que fais-je donc...? Et Pauline...? oh! c'est bien différent.

Ce dernier propos est celui commun à tous les hommes; c'est avec lui que chacun s'excuse envers soi-même : le cas est toujours particulier et juste, surtout quand il est nôtre; c'est une capitulation perpétuelle faite avec la conscience dont elle n'est pas dupe, et dont nous croyons qu'elle se contente.

Charles, bien persuadé qu'il ne trahissait aucune de ses deux maîtresses en les aimant ensemble, continua cette vie pendant quelques jours. Pauline, douce et tendre, demeurait persuadée que lui était comme elle. Ambroisine au contraire, pétulente, moqueuse et presque usagée, doutait de ses promesses, et mieux encore de ses sermens; néanmoins sans pour cela être plus retenue: c'est une des singularités de l'amour; il cède quoique rempli de méfiance; il espère obtenir de l'avenir ce qu'il dénie au présent, à tel point en lui tout est chimère et pure folie.

Ambroisine d'ailleurs le trouvait joli garçon, et cette qualité est d'un haut prix chez les demoiselles de sa sorte; elles la préfèrent à la dignité et même à l'or, ou pour mieux dire, s'accommodent de l'un et de l'autre. Ambroisine donc accepta pleinement ses hommages; et comme, à la seconde visite, Charles ne retrouva point les malencontreuses bottes dans le petit cabinet, cet accident désagréable fut oublié, grâce à tout ce qu'eut de délicieux une liaison intime avec une grisette aussi séduisante.

Mais à mesure que l'attachement entre ces

deux amans prenait de plus fortes racines, Ambroisine se maintenait dans son invisibilité du soir. Vainement Nerbène demandait l'explication de cette mesure mystérieuse, la jeune Liégeon répondait avec rondeur par cette phrase positive : Il ne me plaît pas de te la donner. Et forte d'une telle défense, elle soutenait l'attaque renouvelée avec une égale vigueur. On se résigne à tout, même à être trompé lorsqu'on a l'esprit bien fait et au-dessus des faiblesses humaines : Charles s'imagina que la position de sa maîtresse tenait à cette réserve prudente, et qu'un protecteur d'un rang élevé voulait pouvoir venir voir son obligée en liberté pleine, et sans être en péril de se heurter contre un jeune homme ou quelque chose d'approchant. Or la phrase parasite de Charles, car lui aussi en avait une, était : *au fait, que m'importe, je ne l'épouserai pas* ; et en vertu de cet axiôme, qu'il répétait chaque fois qu'il nouait un nouvel amour aussi sincère que constant, il se mettait au-dessus d'une foule de désagrémens qui auraient rempli d'amertume la carrière d'un homme raisonnable.

D'autres motifs d'inquiétude plus réels l'assaillirent; il comptait peu avec soi-même, et point avec les autres qui, en revanche, prenaient ce soin pour lui; et un jour où Eugène vint le surprendre, il le trouva assis devant la table, la main gauche appuyée sur un tas de papier, et la droite tenant un gros volume que l'étudiant jurisconsulte reconnut pour être le Code Civil annoté par Paillet.

— Qu'est-ce donc? dit le nouveau venu; serais-tu dans tes projets de vie à venir aussi constant que dans tes passions éternelles, et voudrais-tu mener de front la médecine et les lois?

—Mon ami, répliqua Charles en désignant les papiers que j'ai signalés, voici ce qui m'enlève momentanément à mes travaux ordinaires, ce sont des billets protestés, des comptes d'huissier, des misères pareilles contre lesquelles je cherche à me débattre; car enfin, puis-je volontairement me laisser égorger?

— En serais-tu déjà venu à cette triste période de l'existence d'un jeune homme? Je ne te croyais dérangé qu'en amour.

—Eh! comment aimer, à Paris, surtout en fermant les cordons de la bourse? l'amour ici est un banquier sur qui chaque femme tire à vue directement ou indirectement, n'importe; la recette à ses dépens est faite par une nuée de garçons de caisse d'un nouveau genre; les restaurateurs, entrepreneurs de divertissemens publics, fiacres, bouquetières, vendeurs de billets, ouvreuses de loges, caffetiers, que sais-je encore? et si en outre on y joint les marchands de toutes sortes, et les propriétaires avides, et les ouvrières du corps, faiseuses de corsets, de robes, de modes; les mercières, passementières, cordonnières, lingères, et le reste; c'est alors qu'un jeune homme a bientôt vidé son coffre, et qu'il fait connaissance avec le tribunal de commerce et Sainte-Pélagie. Je suis dans ce cas, et tu me vois occupé à me sauver du gouffre.

—Que dois-tu, Charles? j'ai quelques épargnes, douze à quinze cents francs peut-être; ils sont à toi; et cela fait, je te gronderai comme tu le mérites.

—Eh bien, le droit t'en sera acquis, d'autant qu'en opposition à l'usage, tu ne feras ton sermon qu'après m'avoir retiré de l'eau. Tu me sauves, Eugène, et tu m'évites d'envoyer à mon digne père un budjet de dépenses mal balancé avec celui de recettes, et d'autant mieux conforme à celui de l'état : je dois deux mille francs depuis quatre mois.

— C'est beaucoup.

— Et néanmoins il me serait impossible d'assigner une seule grosse dépense; tout a coulé, entre mes doigts, en sommes imperceptibles; mais Elisa, Emilie, Constantine la blonde, Athalie la brune, et Pauline, et Ambroisine se sont amusées, et ton serviteur ne s'est pas ennuyé.

— Et tes cours, Charles, et tes malades futurs.

— Je les plains, mon ami; ils doivent compter beaucoup plus, pour leur guérison, en la Providence qu'en ma science future; si cependant la bonne volonté suffit, elle sera entière.

— Mon ami, ce n'est pas assez : nous devons à la carrière que nous avons choisie nos sons, nos études, tous nos instans; agir autrement, est tromper la probité de ceux qui nous accordent leur confiance, c'est manquer pleinement à la probité.

Charles rougit à cette leçon sévère et donnée avec tant d'intérêt qu'il ne s'en courrouça point; il baissa son front pour dérober une partie de la honte que les propos d'Eugène faisaient briller dans ses yeux, puis embrassant celui-là avec impétuosité :

— Je prends le ciel à témoin que je ne veux plus avoir qu'une seule maîtresse; je la verrai seulement le dimanche, et pour n'aller encore qu'à la grande Chaumière ou tout au plus à Tivoli.

— Une maîtresse ! repartit Eugène avec gaîté, et laquelle conserveras-tu ? sera-ce Elisa, ou bien Emilie, ou encore Constantine ? renonceras-tu à la blonde Athalie, à la brune je ne sais laquelle, à Pauline ou à la piquante Ambroisine.

—Il est vrai, dit Charles du ton le plus sérieux, que le choix définitif a bien ses difficultés; non que je tienne beaucoup aux premières qui déjà sont respectables par l'ancienneté de notre liaison; mais les deux dernières... Pauline est si tendre; Ambroisine si espiègle !

—Je vois que tu conserveras l'une pour aller roucouler dans les bosquets de Tivoli, et la seconde pour prendre sa part des priapées de la grande Chaumière.

—Pauline mourra de chagrin si je la quitte, et je sens que l'abandon d'Ambroisine me coûterait moins.

—Et de deux, Charles.

—Ce sont les moins chères, Eugène.

—Qu'entends-tu par là ?

—Celles qui me coûtent le moins. Constantine au contraire était un gouffre; Elisa, une mer; Emilie, une harpie; Pauline ne sort avec moi qu'à la dérobée, elle n'a pu accepter de moi qu'une bague d'or.

— Et l'autre?

— Oh! peu de chose.

— Je crains qu'ici ta franchise fasse faute.

— Non; et s'il faut tout dire, j'aurais pu...

— Ce dernier degré de bassesse est indigne de toi.

— Mon ami, tu ne rougiras jamais de Charles : je me corrigerai; oui, je suis désormais tout à toi, rien qu'à toi; et, à part mes deux nymphes de la rue des Mathurins et de celle des Boucheries, je jetterai sur le beau sexe un regard indifférent.

— Amen.

CHAPITRE IV.

La Soirée Mystérieuse.

> Qui ne se méfie pas du vice à la première rencontre, devient sa proie à la seconde.
>
> RECUEIL DE MAXIMES.

A neuf heures du soir, Charles descendait la rue Saint-Louis au Marais. Une solitude profonde régnait à l'entour, et rarement était-elle interrompue par le pas rapide d'un voisin attardé qui se hâtait de regagner son gîte, et très-assuré, d'ailleurs, que si quelque servante du quartier l'apercevait voguant ainsi à cette heure indue, dès le lendemain, la nouvelle en serait propagée chez les fruitières hupées de cette portion du Marais.

Charles venait de faire une visite d'étiquette rue Saint-Anastase, et s'en allait attendre la Béarnaise, qui, partie de la place de la Bastille, le ramenerait chez lui. La nuit était belle, et presque pas froide; les étoiles brillaient de leur mieux sur ce firmament gris de fer, qu'à Paris on est convenu d'appeler noir, quand il se montre ainsi, bien qu'il ne ressemble aucunement à cette teinte vigoureuse d'ébène que l'ombre imprime au ciel nocturne et ardent du Midi. La douceur du temps engagea Charles à passer par la Place-Royale, au lieu de continuer son chemin vers la rue de l'Égout, et au moment où il tournait à gauche, une fille vêtue avec indécence, mais faite à ravir, passa rapidement autour de lui.

Le jeune étudiant ne l'avait pas vue au visage, et cependant son cœur fut ému sans trop savoir pourquoi. Il y avait dans la démarche de cette créature quelque chose de pareil.... Oh! non, cela ne pouvait être.... et un rapport très-éloigné... Oui, c'est cela... Mais voyons si elle est jolie; et Charles, qui parlait ainsi mentalement, pressa son pas, et rejoignit l'aventurière sous les arcades sombres de la Place-Royale qui font face à l'est.

Les derniers rayons des lampes allumées dans le café, à l'angle de la rue des Francs-Bourgeois, quand elle traversa celle de Saint-Louis, donna à Charles la facilité de voir les traits qui devaient détruire ou confirmer son idée... Il ne se trompait pas, c'était bien Ambroisine..... Oui, Ambroisine là; elle même, avec sa physionomie toujours charmante, mais hardie, mais audacieuse.... Un cri étouffé lui échappa, et, s'arrêtant comme s'il eût été frappé de la foudre, il demeura dans une immobilité de stupeur.

Ambroisine n'avait pu, par la disposition de la lumière, reconnaître à son tour qui la suivait si hâtivement ; elle allait toujours, mais, s'apercevant qu'elle était abandonnée, ralentit sa course, et manifesta ainsi ce que son costume et ses manières ne signalaient que trop. Il y eut tant d'indignation dans le cœur de Charles, à cette funeste découverte, que sa première impulsion fut de prendre une autre route et de laisser à son occupation vicieuse une misérable qui le trompait si indignement. Tout le secret de ces heures mystérieuses, qu'elle s'obstinait tant à se réserver, était enfin connu complètement ; elles étaient nécessaires à l'exercice d'un métier infâme. Ne convenait-il pas de le lui reprocher, de la confondre sur le lieu même, de manière à ce qu'elle n'eût à rien à nier? Ce fut à ce parti que s'arrêta le jeune homme, et peut-être une arrière-pensée, l'espoir d'une justification impossible... n'importe, tout est croyable à qui a profondément étudié le cœur humain.

Ambroisine attendait; ceci était également certain. Charles fit un effort et alla droit à elle; mais, au moment de lui parler, les mots expirèrent dans sa bouche; et, au lieu de le plaindre, au lieu de l'accabler des termes de son mépris, il ne sut que marcher en silence à ses côtés. Ce lieu était enveloppé d'épaisses ténèbres, la faible lueur de la lanterne la plus proche ne venant pas jusque-là. Ambroisine non plus encore ne vit pas qui l'abordait, et, d'une voix moins harmonieuse que de coutume, ce que Charles attribua à l'eau-de-vie qu'elle venait de boire, et dont son haleine était empestée:

—Monsieur, dit-elle, vous plairait-il de me reconduire chez moi?

—Marche! repartit Charles exaspéré par sa fureur; vas-tu loin?

—Oh! non, ici tout proche; vous ne serez pas fâché, mon bel ange, de vous lier avec moi.

Et ce propos d'usage lâché, elle se retourna, et s'en revint par la rue de l'Egout jusqu'à celle Saint-Paul, où elle entra dans l'allée d'une maison de chétive apparence.

Charles la suivait, charmé de n'être pas deviné, et trouvant plus de chances pour accabler cette vile aventurière, à la laisser se démasquer elle-même aussi clairement, puisqu'elle le conduisait à l'autre réceptacle ordinaire, sans doute, de ses débauches nocturnes.

La porte une fois franchie, Ambroisine se coula le long d'un corridor mal éclairé par un flambeau posé sur un banc, et continua de cheminer au travers d'une chambre vaste, puis elle descendit plusieurs degrés; et, allant toujours, traversa deux pièces voûtées, pareilles à des berceaux de cave, et au bout desquelles parut un réduit garni d'un sopha délabré, d'une mauvaise table, de deux chaises et d'un débris de miroir. Ambroisine posa la lumière qui avait servi de guide au jeune homme, et se laissa choir sur le trône sale et à demi rompu, que le vice lui avait préparé.

Charles alors, voulant profiter de son avantage, se plaça devant elle, et, s'attachant à ce que les rayons de la chandelle éclairassent ses propres traits, dit :

— Eh bien! Ambroisine, était-ce ici que nous devions nous retrouver?

Il s'attendait à une confusion inévitable, à de la honte, à du regret peut-être manifesté; mais aucun de ces sentimens ne se peignit sur la physionomie impassible de cette créature hardie, qui se contenta froidement de répondre :

— Tu te trompes, mon cher, ni vu ni connu, je t'embrouille.

Phrase toute faite et à l'usage de la plus mauvaise compagnie.

— Tu ne me reconnais pas, malheureuse! repartit-il avec plus de véhémence; oseras-tu le soutenir? penses-tu qu'une telle dénégation me trompera?...

— A qui donc en a ce sot oiseau? dit Ambroisine avec plus de mauvaise humeur que de chagrin; quel air siffle-t-il, auquel je ne peux rien comprendre? Allons, donne tes écus si je ne te conviens pas, et puis va voir si je suis au quai de la Grève.

—Contemple mes traits, femme indigne, et n'espère pas que je sois induit en erreur sur les tiens.

Et Charles se saisissant du flambeau, l'éleva à la hauteur de sa tête, de telle sorte que son visage en fut entièrement éclairé.

— Que mille millions de tonnerres t'écrasent! toi qui me poursuis comme mon ombre, s'écria à son tour Ambroisine. Il était écrit là-bas que je ne verrais que toi; mais ce sera la dernière, j'espère. Allons, si tu tiens à la vie, ne te fais pas prier pour la sauver; donne ta bourse, ta montre, ou crains...

Charles, en écoutant ces propos si bien en harmonie avec le lieu et la profession apparente de la personne qui les tenait, s'imagina qu'Ambroisine cherchait à lui faire peur, afin de le renvoyer vite, et par là échapper à un complément d'explications. Cette hypothèse l'empêchant de s'abandonner à une crainte, qu'en toute autre accasion la prudence aurait légitimée, il ne put s'empêcher d'éprouver une folle compassion pour qui le méritait si peu; et essayant de prendre une main qu'on refusa de laisser dans la sienne :

— Ambroisine, dit-il, tu dois concevoir que dorénavant tout est rompu entre nous, que jamais tu ne me reverras rue des Boucheries; mais, si tu rougis de ton abrutissement, si tu as du regret d'avoir trompé ton Charles...

— Que dis-tu? demanda la fille en l'interrompant avec vivacité; je commence à deviner que tu me prends pour une autre.

— Je te prends pour qui tu es, pour Ambroisine Liégeon, ouvrière en modes; tu demeures au quatrième étage, la première porte à droite et sur le devant, dans la maison qui fait l'angle des rues du Cœur-Volant et des Boucheries...

—Monsieur, repartit avec encore plus de véhémence la fille, il y a encore erreur manifeste; je ne suis pas mademoiselle Liégeon, qui néanmoins ne se nomme pas Ambroisine; mais je sais qui vous êtes : vous vous appelez Charles Norbène.... Oh! soyez assuré que je vous sauverai.

—Je l'espère bien, malheureuse insensée, répliqua Charles avec pitié; pourquoi persister à nier ta propre existence? je t'ai trop aimée pour ne pas te connaître. Allons! rentre dans ton rôle naturel; je sens combien ta confusion doit être grande...

—Oh! de par tous les diables, monsieur le médecin, ayez la langue moins affilée, dit l'interlocuteur d'un ton moitié bourru et moitié compatissant; est-ce ma faute si vous me prenez pour votre maîtresse? Je ne suis pas elle, je vous le redis; et s'il fallait en fournir la preuve, je la donnerais irrécusable. Mais à quoi bon; il s'agit plutôt de sauver votre vie.

— Ma vie! que dites-vous? Qui êtes-vous? et où suis-je?

—Questionneur impitoyable, suivez-moi, et sortons vite s'il en est temps.

— Adolphe, Adolphe, cria une voix qui parut venir d'un lieu éloigné; la capture est-elle bonne? est-ce fait?

Nul ne répondit à cette interrogation, et Ambroisine, se relevant et s'approchant de Charles, lui dit, articulant à peine :

—Votre bourse, votre montre, votre mouchoir ou vous êtes mort.

Le jeune homme, à ces terribles paroles, comprit enfin dans quel piége son imprudence l'avait entraîné; et le passé en même temps revenant frappersa mémoireluirappela le jeune homme si ressemblant à Ambroisine par sa figure ; il ne douta plus que celui-là ne fût ici, jouant un rôle de femme pour attirer dans un coupe-gorge des imprudens, qui, trompés sur son sexe, se laisseraient prendre à l'attrait de sa charmante physionomie. Toutes ces choses se retracèrent avec rapidité à sa pensée ; mais le loisir de les approfondir manquant, il se hâta d'obéir à ce qui lui était enjoint; et lorsque les divers objets réclamés eurent passé dans la main de la fausse Ambroisine, celle-ci s'élança hors de la chambre, emportant la lumière et laissant l'étudiant en une anxiété cruelle et en des réflexions qui certes ne le rassuraient point.

Immobile, frappé d'épouvante et respirant à peine, les facultés de son ame semblaient s'être retirées seulement dans son ouie, tant alors il n'existait que pour écouter. Des bruits vagues parvenaient à ses oreilles; on se querellait sans doute avec aigreur, et à son sujet. Les minutes, cette fois, s'écoulèrent avec une lenteur encore plus désespérante que lorsqu'il attendait un premier rendez-vous de sa nouvelle maîtresse : là, il était question de plaisir; il s'agissait ici de la conservation de son existence, et les apparences se montraient sous un aspect tellement sinistre, que l'espoir ne pouvait guère parvenir à son cœur.

La querelle se prolongea; d'autres voix s'y mêlèrent plus élevées, plus impérieuses; et une obscurité effrayante achevait de plonger Charles dans une terreur que son courage ne surmontait pas : une canne de parure formait tout son arsenal de défense, qu'il augmenta néanmoins d'une clé qu'il prit dans sa main, et à l'aide de laquelle il espérait ne point mourir sans vengeance;

car la mort était la perspective que lui présentait sa situation.

Une heure peut-être s'écoula sans que l'on vînt à lui, et il passa tout ce temps debout, quoique ses genoux flageolassent sous lui; une sueur glacée, une horripilation nerveuse le tourmentaient encore, et l'obscurité dans laquelle il était plongé achevait d'abattre sa fermeté : des assassins, mieux instruits du local, pouvaient venir à lui sans qu'il pût s'opposer à leur attaque soudaine. Oh! combien de fois, tandis que son cœur battait douloureusement, il se reprochait son imprudence et la facilité avec laquelle il s'était laissé entraîner dans cette funeste maison.

Enfin la dispute cessa, un silence horrible régna ensuite; il fut mille fois plus affreux: rien ne le rompait, aucun son ne se faisait entendre : on aurait dit que cette demeure était déjà un tombeau. Il y eut un instant peut-être encore plus pénible, celui où la clarté d'une lampe vint à jaillir inopinément: les yeux de Charles, qu'elle fit passer d'une nuit complète à un jour éclatant, ne purent en soutenir les rayons; un mouvement machinal les contraignit de se cacher sous leurs paupières; et des meurtriers pouvaient en profiter pour en frapper l'imprudent. Celui-ci attendait ce dénouement sinistre; mais lorsque son regard put interroger qui venait, il lui montra le ménechme d'Ambroisine, toujours vêtu de son habit féminin; mais seul et sans arme à la main. Il s'approcha vite.

— Venez, dit-il; j'ai obtenu votre grâce. Me jurez-vous de ne rien apprendre à la justice?

— Sauvez-moi, répondit Charles respirant

à peine, et je serais ensuite un monstre si, à mon tour, je ne vous sauvais pas.

— Partons-nous ? répliqua le jeune homme : une minute mal employée peut vous compromettre de nouveau.

Et aussitôt il marcha vers la rue; Charles fit comme lui, tout en examinant autour d'eux ce qui présentait un aspect redoutable, ne se flattant pas encore d'échapper au péril, et suspectant une trahison dont certes les membres de cette société criminelle étaient bien capables. Cependant nul de ceux-là ne parut, l'espace fut franchi sans malencontre, et les deux compagnons atteignirent enfin le seuil de la maison. Là, le jeune inconnu, jetant le flambeau dans l'allée, passa son bras dans celui de Charles, en disant aussitôt:

— Ne vous retournez pas, baissez les yeux, n'essayez pas de reconnaître l'endroit d'où vous sortez; on vous observe, et on ne vous le pardonnerait point.

Charles respirait, il sentait se dissiper le poids énorme qu'il portait naguère; et, se trouvant en plein air, il crut être rendu définitivement à la vie.

— Je vous dois une éternelle reconnaissance.

— A moi, non, lui fut-il répondu; à Rose Liégeon, à la bonne heure.

—Ambroisine, vous voulez dire.

— Ambroisine pour vous, Rose pour moi, c'est la même chose : ce dernier nom, à force d'être prodigué, a perdu de son parfum dans la fantaisie des jeunes filles; celui d'Ambroisine est plus sentimental et romantique, comme on dit maintenant... Adieu, allez chez vous, chez vous, entendez bien, et pas ailleurs... A demain, car je veux vous voir;

il ne vous sera pas facile maintenant de vous débarrasser de mon obsession.

—Ma gratitude me rendra toujours votre présence agréable.

—Je le voudrais... Oubliez cette soirée si le service que je vous ai rendu a pour vous quelque prix; j'aurais voulu qu'il ne vous coûtât rien... mais aussi, pourquoi vous jeter en étourdi dans une maison suspecte!

— Je croyais savoir avec qui j'y allais.

—Oh! mon Dieu, l'entrée de ces cavernes est toujours aisée; mais la sortie......
Adieu, à demain. Et l'inconnu, laissant Charles sur le quai, en face du pont Marie, s'en retourna par la rue des Nonandières, après lui avoir recommandé de continuer rapidement sa route, et surtout de ne rien tenter de ce qui pourrait inspirer de l'inquiétude aux personnes dont il serait suivi

jusques au bas de la rue Saint-Jacques. Charles se conforma exactement à cette injonction et ne s'arrêta que lorsqu'il fut à la porte de son hôtel. Entré enfin, et renfermé dans sa chambre, il remercia la providence du secours qu'il lui devait. Il se coucha encore violemment ému, et le sommeil pendant le reste de la nuit ne ferma pas ses paupières lassées.

# CHAPITRE V.

Le Jeune Pervers.

> Plus le serpent a la peau radieuse, plus il faut
> craindre la malignité de son venin.
> MORALE DES ORIENTAUX.

Charles, le lendemain, ne manqua pas de courir chez Ambroisine à l'heure accoutumée; il la trouva devant sa table et travaillant, ce qu'elle faisait toujours. Ses beaux yeux se levèrent sur son amant avec leur sérénité ordinaire, et aucune arrière-pensée ne troubla leur éclat; la même expression de vivacité, d'espièglerie animait sa jolie bouche; et certes, rien dans cette Ambroisine n'était en rapport, à part les traits, avec le virago dévergondé de la veille. Charles ne présentait pas une sérénité pareille sur sa physionomie; les souffrances de l'incertitude, les tortures de l'anxiété y avaient fait de prompts et d'étranges ravages, et ses muscles, contractés péniblement, n'avaient pas encore repris leur élasticité ordinaire.

Ambroisine s'aperçut d'abord de ce qui agitait son amant, et, avec autant de vivacité que de sollicitude, le questionna sur ce qu'il ressentait; il se rejeta sur une mauvaise nuit, sur une insomnie qui avait pris toutes les formes du cauchemar.

—Par exemple, dit-il, il m'a semblé que tu étais double, que j'allais tour-à-tour à deux Ambroisines, et que l'une me consolait des caprices insensés de l'autre : si tu avais une sœur, je penserais...

—Je n'en ai pas, te dis-je, non plus que de frère.

—Bonjour, Rose; comment te portes-tu? dit un personnage qui survint en troisième, se présentant inopinément du côté de l'escalier.

La jeune fille, à la vue de celui-là, laissa échapper un geste de dépit et de surprise, et dit sans le vouloir :

—Méchant garnement ! que le démon te confonde! ne t'ai-je pas défendu...

—Oh! je me lasse de toute contrainte; je veux avoir mes coudées franches, aller et venir à ma libre volonté; te fais-je d'ailleurs honte? Je gage que monsieur dira que je te vaux bien, sauf néanmoins le sexe qui te donne l'avantage.

Et le mauvais sujet de la veille, mais en habit d'homme moins fripés que ceux qu'il portait ci-devant, se présenta en face de Charles avec une aisance effrontée, et comme si jamais ils n'avaient eu ensemble le moindre rapport.

— Que pensez-vous, monsieur, d'une sœur qui s'obstine à renier son frère, qui veut que je ne sois pas : je le suis cependant, et je le prouve.

— Tu es, Laurent, un vrai gibier de potence, un misérable...

— A ces doux propos, on croirait que ma sœur me déteste, dit le jeune homme, et pourtant elle m'aime, m'en donne des preuves que je mérite peu, je l'avoue ; c'est une excellente fille, qui consacre ses soirées à ses devoirs de famille, et qui se prive pour moi...

—Ah! Laurent, si tu voulais faire preuve de gratitude en changeant de vie!...

—A quoi cela me servirait? je suis fainéant, je veux toujours l'être : le bien doit me venir, lorsque je l'attends en croisant les bras; le travail est bon pour les dupes; les gens d'esprit ne font rien, et ont tout.

— Ce sont là, monsieur, repartit Charles, qui de son côté feignait de voir pour la première fois le frère de son amie, des principes que, certes, vous ne professez pas : la vie dont vous vantez les charmes a des conséquences funestes.

—Qui le nie? on les connaît, la misère, le suicide, la cour d'assises; si notre destinée nous y amène, la résignation devient une nécessité.

—Et voilà, reprit Ambroisine, dont les yeux se remplirent de larmes, pourquoi je me refuse à prononcer ton nom, et à te qualifier du doux titre de frère; pourquoi je me maintiens dans une ligne équivoque, parce qu'il ne m'est pas permis de suivre complètement une carrière honorable lorsque tu seras là pour la flétrir un jour. Oh! Laurent, toi qui devrais remplacer notre père et notre mère...

—Allons! des pleurs, des interpellations, dit le jeune homme visiblement ému; tu veux me désespérer? Est-ce ma faute si la nature m'a donné ce caractère? A chacun le sien : tu as le cœur tendre, j'ai la tête faible; néanmoins je ne suis pas toujours digne de blâme, et, parfois, ton souvenir me procure le plaisir d'une bonne action.

Charles entendit le sens détourné de cette phrase, et, rempli d'ailleurs de reconnaissance pour le service que le jeune Liégeon lui avait rendu, il se flatta qu'en se rapprochant de lui, il parviendrait peut-être à le ramener dans une meilleure voie, oubliant le péril que court l'homme de bien en une fréquentation pareille; aussi reprenant la parole tandis que Laurent embrassait sa sœur avec une effusion militant en faveur de son bon naturel :

— Si monsieur voulait venir dîner aujourd'hui dans la maison où je loge, peut-être pourrai-je lui manifester le désir que j'aurais de le rapatrier complètement avec mademoiselle.

— Charles, dit alors Ambroisine, oui, consentez à voir cet imprudent; changez ses opinions : il lui reste des ressources.

Laurent leva les épaules, puis se tournant vers Charles :

— Puisqu'il vous plaît de courir le danger de vous rapprocher de moi, soit : le cas aura lieu à vos périls et risques; vous ne m'accuserez pas, du moins, si c'est moi qui vous pervertis.

Un fier sourire fut la réponse de l'étudiant, qui n'aurait pas voulu se montrer en public avec un compagnon qu'il savait coupable de plusieurs actions odieuses; mais qui, s'intéressant à lui et à sa sœur, se flattait de le conduire hors la route fatale qu'il avait choisie. Il lui remit son adresse, lui indiqua l'heure, et Laurent, cela fait, partit aussitôt. A peine fut-il hors de la chambre qu'Ambroisine, ne contenant plus son chagrin, le confia, dans tout son ensemble, à celui qu'elle aimait, et fournit, par les détails dans lesquels elle entra, la clé des mystères dont jusque là elle s'enveloppait en partie. Son frère logeait dans son appartement; le lit du cabinet était sa couche, et les bottes, qui d'abord avaient tant inspiré de jalousie à Charles, lui appartenaient. Ambroisine dit encore que les liaisons qu'elle soupçonnait à Laurent lui causaient de mortelles inquiétudes. Charles aurait pu la confirmer dans ce qu'elle présumait seulement; mais, religieux observateur de sa parole donnée, il se tut, et Ambroisine n'apprit rien de ce que sans doute elle ignorait.

L'horloge de l'hôtel de Cluny frappait le dernier coup de cinq heures lorsque Laurent Liégeon arriva chez Charles Norbenne.

—Je ne me fais pas attendre, dit-il en entrant.

—Vous êtes exact.

—C'est contre mon habitude: cette qualité prétendue est la marque d'un esprit étroit, embarrassé de son existence, et qui, ne sachant comment l'employer, s'avisa de la diviser par jours, heures, minutes et secondes; quant à moi, que m'importe le temps! il ne me manque jamais, puisque je reste en arrière de sa rapidité.

— Vous avez un recueil d'étranges

maximes, dit Charles, et je crains qu'en effet elles ne vous nuisent; convenez, poursuivit-il en baissant la voix, qu'hier vous étiez en péril de comparaître devant la justice.

—A propos! vous me rappelez que j'ai d'abord des complimens à vous adresser sur votre discrétion; elle est digne d'un bon garçon, ce que, vous autres gens du monde, nommez honnête homme, et ensuite à vous remettre votre montre, la bourse et le foulard..... Je gage, poursuivit Laurent en éclatant de rire, que vous aviez cru véritablement tomber au pouvoir d'une bande de dévaliseurs et d'assassins patentés de grande route; vous étiez dans l'erreur et bien complète, on vous a mystifié, et voilà tout.... Oh! vous avez beau me regarder avec cette mine étonnée, il n'en est ni plus ni moins; nous sommes quelques camarades, enfans de la joie et de la désœuvrance, qui voulions rire aux dépens d'un riche débauché; j'avais revêtu à cet effet la parure d'une de nos donzelles, parce qu'on me fait l'honneur de dire que, fagoté en jupons et coiffé, je ressemble à une jolie femme; mais point! le diable s'en est mêlé, vous tombez sur mes talons, vous l'amant de ma sœur, qui espériez la surprendre en faute; je prends plaisir à la chose; mes amis, qui me croyaient avec le paillard, prononcent au moment convenu des paroles qui doivent l'effrayer; je saisis la balle au bond; vous savez le reste; voilà tout expliqué. Mais il n'est pas moins vrai que notre folie a des actions de grâce à rendre à votre loyauté. Je rapportais tout ceci tantôt chez ma sœur, où je savais vous trouver; votre invitation m'a déterminé à retarder la restitution; examinez-la, elle est complète.

Charles écouta avec un étonnement visible

cette explication qui le satisfaisait, bien que parfois elle lui présentât des difficultés. Mais le jeune Laurent parlait avec tant d'aisance, un tel aplomb, sa figure grâcieuse était si riante, qu'on ne pouvait supposer qu'il continuât une autre rouerie; d'ailleurs les objets enlevés reparaissaient, et certes Charles en avait trop bien fait le sacrifice pour ne pas les regarder comme un cadeau véritable lorsqu'ils lui étaient rendus. Lui à son tour prenant la parole, manifesta la joie de ce dénoûment inattendu, exprima le chagrin que lui avait causé la présence de Laurent parmi cette troupe qu'il croyait criminelle, et s'étendit sur ce point qu'il traita avec un véritable intérêt.

— Grand merci, monsieur mon beau frère du jour, repartit le jeune homme; vous vous faites des monstres de ce qui au fond est peu de chose. Un peu plus tard, vous verrez mieux. Mais on sert notre dîner, dépêchons-le; j'ai un appétit d'affamé : on ne mange pas toujours dans la noble confrairie de la désœuvrance.

La table dressée à l'avance était en effet garnie par les soins des gens de la maison meublée, qui donnaient à manger à leurs locataires, soit en commun, soit dans leurs chambres respectives. Charles et Laurent, qui avait aussi dans le prénom d'Adolphe un nom de guerre, comme sa sœur, s'établirent en face l'un de l'autre, et la conversation ne tarit pas; un poids énorme était soulevé de dessus le cœur du premier, depuis qu'il n'avait plus à voir dans son convive un misérable digne d'un châtiment public. La gaîté de cet étourdi, ses manières faciles, sa morale relâchée qu'il professait en maître, et plus encore son titre de frère d'Ambroisine, le lui rendaient agréable :

c'étaient des formes de mauvais ton sans doute; mais, étaient-elles bien appréciées par un des membres de cette jeunesse actuelle, vivant sans façon et croyant marcher à l'indépendance par cela seul qu'elle dédaigne les règles de l'urbanité antique.

Charles passait tous ses instans au café, dans les salles de lecture, au parterre de certains théâtres, dans des bals champêtres en plein Paris, et on doit convenir que là on ne rencontre plus des modèles de cette fine fleur de galanterie chevaleresque, de cette politesse exquise tant en vogue autrefois; un laisser-aller, un sans-façon fatal écartant toute cérémonie, rapprochent et confondent des hommes faits pour être séparés. De ce mélange, de ce contact pernicieux, il résulte des idées moins bien arrêtées sur le juste et l'injuste; une facilité funeste à envisager indifféremment des opinions qui heurtent la délicatesse, et plus on va dans ce chaos et mieux on établit la force du proverbe : *Dis-moi qui tu hantes, je te dirai qui tu es.*

Toute liaison avec un fripon reconnu aurait été vivement repoussée par Charles; mais dès que Laurent n'était plus qu'un désœuvré, un coureur, ce qu'à Paris on qualifie de *musard* et de *flaneur* (qu'on me pardonne le terme), il ne refusa plus à se rapprocher de lui. Peut-être aurait-il dû s'informer auparavant de son origine; car, quoi qu'on dise, il est rare que nous ne tenions pas de nos parens. Charles n'en fit rien. Qui songe, au temps où nous sommes, et surtout parmi la jeune france, à des études de généalogie morale? on ne demande à qui on rencontre que de plaire et d'amuser.

Il en advint que Charles tomba soudainement, par son intimité nouvelle avec Liégeon, dans un degré inférieur de la société parisienne : jusque-là, il avait fréquenté des étudians en droit et en médecine, presque tous venus de la province, et par conséquent tous de familles honorables; plusieurs faisaient avec lui assaut d'étourderie; mais du moins tous, élevés dans le respect de l'honneur et dans des maximes de probité rigoureuse, pouvaient en faisant des dettes ne se salir par aucune mauvaise action : ils avaient pour exemple ceux de leurs parens..

Mais dès que Charles, se séparant de ces anciens condisciples, suivit Laurent Liégeon parmi ce qu'on appelle vulgairement des enfans de Paris, il se trouva au milieu d'une foule étrangère à ses parens, ou n'ayant reçu d'eux que des maximes peu séantes. Il y a dans cette classe qui touche à la populace, sans néanmoins s'y ranger en entier, dans ces êtres qui ont passé par une alternative perpétuelle d'irritation et d'infortune où se trouvent tant d'êtres abandonnés dès leur naissance, et qui même la plupart n'ont pas de nom; il se trouve, dis-je, des habitudes pernicieuses, des défauts sans nombre, des vices dégoûtans; il y a là indifférence religieuse portée au comble, mépris de la morale, cupidité basse, et vile façon de voir à l'avenant; le crime y est compté au rang des actes ordinaires de la vie, et l'improbité y est au moins en honneur. C'est une race à part que celle-là, race mal étudiée encore, point assez connue par conséquent, et dont les gouvernemens qui se succèdent depuis quelque temps avec une rapidité malheureuse, ne s'inquiètent pas assez; il y a là un levain perpétuel de sédition, de complots sans grandeur; on y médite des forfaits, et, comme on ne descend qu'imparfaitement à cette profondeur, la surveillance de l'autorité y est incertaine et ne peut prévoir qu'à demi ce qui s'y trame et ce qui s'y exécute.

Les ouvriers actifs, cette portion intéressante de la population, sont en-dehors de la caste perverse que je signale.

CHAPITRE VI.

Où il le mène.

> Méfions-nous de celui qui veut nous faire descendre au-dessous de notre rang.
> MORALE DES ORIENTAUX.

Depuis sa nouvelle amitié pour Laurent Liégeon, Charles n'était plus reconnaissable; son extérieur perdait de l'élégance qui, jusques alors, l'avait distingué; les habitudes de son corps devenaient plus triviales; à la casquette rouge, symbole du républicanisme, et qui du moins désigne, quoique enfanté par l'erreur, un sentiment honorable de la vertu mal-entendue, succédait le chapeau ridiculement de travers, l'habit presque déchiré, et la cigarre permanente. Charles fréquentait des cafés, des estaminets inconnus à ceux qui se respectent; entrait chez des marchands de vin obscurs et s'y attablait avec de prétendus bons enfans, véritable gibier en espérance des cours d'assises et des bagnes.

Là, on attaquait de mille façons les principes qui remplissaient son cœur, soit par l'exemple ou le raisonnement, soit avec gaîté, soit avec malice. Les sophismes ne manquaient pas; il repoussa les premiers dont on tenta d'embarrasser sa conscience, parce qu'encore celle-ci était pure; mais aux seconds, déjà flétrie par son contact avec tant de vices, elle commença à se montrer moins susceptible, et à ne pas démêler aussi bien le piége vers lequel un démon, sous la figure de Laurent, cherchait à l'entraîner : celui-ci, né pour mal faire, prenait un plaisir réellement infernal à pousser vers l'abîme tous ceux qu'il approchait.

Une faute commise par lui, à l'égard d'une association coupable et en souvenir de sa sœur, qu'il chérissait sincèrement, avait dû être réparée en essayant de perdre l'ame de Charles puisqu'il avait sauvé son corps. C'était donc avec une ténacité nécessaire qu'il s'attachait à l'étudiant sans lui laisser le loisir de se reconnaître, et que chaque jour il sapait de plus en plus ses idées de morale et de religion.

Laurent tarda peu à reconnaître le pouvoir d'Eugène sur Charles. Sa perspicacité lui laissa rapidement apercevoir que le premier ne possédait rien de cette faiblesse fatale qui perd la jeunesse, et que la tentation essayée à son égard serait sans objet; en conséquence, il résolut de rompre une intimité si opposée à son projet. Eugène, en fréquentant son ami, serait trop redoutable, et certes, s'il découvrait vers quel chemin on le conduisait, tâcherait, de son côté, de le lui faire quitter, et peut-être y parviendrait : ce fut ce que Laurent voulut empêcher.

Il commença par tourner en ridicule la réserve prudente de l'étudiant en droit: c'était à l'entendre, un *câlin*, un *plat*, un jésuite, un hypocrite surtout; il fallait, pour se maintenir en joie, le fuir comme la peste.

— Oh! repartait Charles, je n'en ferai rien; c'est un ami sincère, tout dévoué, et qui n'oblige pas en paroles.

— C'est un sournois, un ennemi des bons enfans, répliquait Laurent, qui nous ennuie. Je gage qu'il n'a ni maîtresse ni créanciers.

— Quant à ceux-ci, j'en suis certain; quant à celle-là, sa discrétion est un prodige.

— Un véritable capucin, Charles, celui-là n'est point fait pour se mêler aux joyeux compagnons de la désœuvrance. Sais-tu ce qu'il faut faire, viens loger chez nous; il y a une jolie chambre au troisième étage; là, tu seras plus à ton aise pour voir Ambroisine en tout bien et tout honneur, et pas gêné, comme tu l'es ici, par la surveillance que ce monsieur exerce sur toi.

Charles, à qui cette proposition souriait, ne s'y rendit pas encore; il ne pouvait renoncer aussi facilement à un lieu d'où il voyait la gente Pauline, dont encore il était amoureux. Eugène, non plus, ne sortait pas de son cœur, et bien que parfois sa sagesse lui fût incommode, il appréciait toujours ses qualités supérieures, sa noble et franche amitié; il résista donc, et Laurent, en corrupteur habile, se garda de poursuivre un combat qu'il fallait ajourner, afin d'en remporter plus facilement la victoire.

Un matin, au moment où Charles, ayant pris ses cahiers, son écritoire et ses livres, se préparait à se rendre à l'École de Médecine, Laurent entra dans sa chambre; il le surprit par le luxe inaccoutumé de sa parure fraîche, toute à la mode, et très-opposée aux vêtemens ordinaires du jeune fainéant. La beauté de celui-ci en recevait un nouveau lustre, et le plaisir étincelait dans ses yeux.

— Charles, beau-frère Charles! s'écria-t-il, et ses doigts, frappant sur la poche de son gilet, y faisaient résonner les pièces d'argent dont elle était remplie, les galions sont arrivés à bon port; et, avec eux, la franche allégresse. Vois, mon ami; tout cela, bon à manger; tiens, examine : cinq, dix, quinze, vingt, trente, trente-cinq; oui, morbleu! près de deux cents francs à moi, à dépenser et selon ma fantaisie; est-ce de la richesse? est-ce du bonheur?

Et l'étourdi dansait, gesticulait et se montrait atteint d'une folie complète. Charles le regardait en riant, et témoignait quelque curiosité à connaître la cause de cette amélioration peu commune dans les phases de la vie de Laurent.

— Qui as-tu dévalisé? dit-il en poursuivant sa manifestation de gaîté.

— Qui? la personne destinée de tous les temps à servir de trésorière aux bons enfans, aux beaux garçons; une femme d'amour, une de ces douces créatures qui reçoivent d'une main et qui se hâtent de jeter de l'autre. La mienne enfin, drôlesse charmante, sans malice, jolie à croquer, que les autres adorent et qui n'aime que moi; elle a eu ces jours passés un pigeon à plumer, et voici la meilleure partie des dépouilles.

— Je ne te comprends pas, répliqua Charles en essayant un ton froid; son ame encore honnête se révoltait de ce qu'elle devinait trop bien.

— Es-tu si bouché que tu n'entendes pas ce qui est plus clair que le jour? *ma femme* a plu à un Anglais, lui plaît encore, et me voilà vivant sur le compte de l'ennemi; il n'épargne pas les guinées, et j'en fais, moi, des écus, et tout va bien.

— Tu te fais donc payer?

—Et pourquoi pas? je te prie. Quel service aujourd'hui ne croit pas avoir droit à la rétribution? *Ma femme*, c'est, vois-tu, ma terre, ma maison de commerce, ma charge, mon royaume; il faut en conséquence qu'elle me rapporte au prorata de sa valeur. Que fait aujourd'hui tout propriétaire, négociant, fonctionnaire ou roi que de tirer le vert et le sec de la feuille qu'il a à gruger ? Je suis le commun exemple.

— Pressurer une femme, prendre part dans un gain...

— Sotte délicatesse, mon ami ! qui te ferait siffler maintenant depuis le jardin des Tuileries jusques à la guinguette de Charenton ; ma maîtresse est riche, elle paie ; si je le deviens, eh bien, je financerai à mon tour. Crois-moi, ne te tourmente jamais comment l'argent t'arrive ! mais inquiète-toi beaucoup lorsqu'il n'arrive pas.

Charles, encore peu convaincu, secoua la tête, et pourtant la vue de ces pièces blanches l'agitait ; il était ruiné, grâce à la direction décevante donnée à ses affaires pécuniaires par Laurent. Dans cet état d'embarras, dont Eugène l'avait naguère retiré, il avait dépensé en parties de débauche qualifiées de fêtes joyeuses, la moitié de l'argent envoyé naguère par son père, et le reste était parti au billard et aux cartes. Charles se trouvait à sec, et Laurent le savait; en conséquence reprenant la parole.

— Vraiment, dit-il, tes scrupules m'en inspirent à mon tour; je venais te proposer une part de ce magot, afin de remettre ta barque à la voile; car je la crois sur des eaux bien basses, et à présent que tu dis fi de cet argent! me sera-t-il permis de le partager avec toi?

— Je te remercie, Laurent.

— Et néanmoins jamais moment fut-il plus impérieux! j'avais à te proposer une course divine. Céleste, ma particulière, est libre tout ce soir, tout demain de son *goddem* qui est en route pour Compiègne; elle me donne à souper. Vital, Louis, Ernest en seront ; tu sais s'ils aiment à rire. Chacun aura sa chacune, et je te réservais une citoyenne... Mais non, monsieur me dédaigne, comme si tout ce que l'on enlève à un Anglais n'est pas de bonne prise.

— Est-ce que je la connais? demanda Charles en hésitant.

— Qui? s'il te plaît.

— Et celle dont tu me parles et que tu voulais me donner.

— Non, tu ne l'as pas rencontrée encore ; c'est une nouvelle débarquée, ou pour mieux dire une princesse émérite fort à la mode. Il y a deux ans qu'un Russe l'amena en Italie; elle est de retour, chargée des dépouilles du Nord et du Midi ; mais c'est une précieuse : il faut à madame un homme de qualité pour qu'elle rende à la circulation ce qui est renfermé dans son coffre-fort; elle a méprisé le grand Louis, ce roi des tapageurs; le fort Vital, qui broyerait quatre hommes non moins qu'un biscuit de mer; et Ernest à la langue dorée, qui parviendrait à faire du diable un saint s'il en avait la fantaisie. Madame Gilpon les trouve trop canailles ; la crême d'entre nous ! Elle veut du relevé; toi, par exemple. Mais va-t-en voir s'ils viennent! mon vertueux Charles préférera son honorable indigence à des florins de Rome et à des sequins de Venise.

—Si la donzelle est jolie, on peut se rapprocher d'elle sans puiser pour cela dans sa bourse.

— Jolie! Ethelinde Gilpon ! elle est ravissante! et puis, c'est un ton, des manières! vrai, on la prend parfois pour une grosse dame de la banque.

— Ambroisine, que dira-t-elle ?

— Charles, tu deviens passablement ridicule, je t'en avertis en ami; est-ce à toi de songer à ce qu'une femme pensera de ton infidélité ? Eh bien ! il est possible qu'elle t'arrachera les yeux ; tu la rosseras, et elle sera un peu plus folle de toi.

— Frapper une femme!...

Laurent leva les épaules et sourit de pitié. Il dit ensuite.

—Ne viens pas avec les bons enfans, puisque tu ne peux te faire à leurs manières. Adieu, Charles... as-tu besoin d'argent ? je t'en prêterai.

— Non... non.

— Tu n'as pas le sou.

— J'attendrai.

— Tiens, voilà soixante francs ; tu me donneras une lettre de change tirée sur Ernestine... Ah! dam, c'est là une merveille.

Charles se tut. Il avait un ouvrier qui l'importunait par son insistance à venir exiger le paiement d'une misérable somme de vingt-cinq francs, et la pensée qu'il se délivrerait de cette harpie bourgeoise l'égara au point qu'il laissa Laurent jeter sur le lit les douze pièces de cinq francs sans s'y opposer, bien qu'il connût la source impure d'où provenait cet argent.

La fréquentation de la mauvaise compagnie forme rapidement un calus sur le cœur où glise ce qui naguère l'aurait pénétré au plus profond ; on se familiarise avec les maximes les plus étranges, et à l'aide de la plaisanterie on accepte les conséquences d'une mauvaise action.

— A ce soir, à sept heures, dit Laurent; tu te trouveras au café du Prado, et je te conduirai chez ma particulière, où nous trouverons excellente compagnie, grande chère et bon feu.

Il partit après ces mots prononcés sans attendre les remercîmens de Charles, et en descendant l'escalier il murmurait entre ses dents ce refrain :

> L'or est un parfait hameçon
> Pour amorcer le sot poisson.

Ah! si ces paroles avait pu être entendues de Charles!... Elles ne le furent pas : l'attention de celui-ci était partagée entre les soixante francs qu'à son tour il prenait du plaisir à faire sauter dans ses mains, et Pauline qui, de sa fenêtre, envoyait au bout de ses jolis doigts de tendres baisers à son ami.

Charles cependant n'était pas satisfait : il aurait voulu pouvoir refuser le prêt de Laurent ; mais la nécessité ne le lui avait pas permis, et un pressentiment vague lui faisait redouter la partie joyeuse à laquelle il était invité. Cependant la certitude de faire la connaissance d'une nouvelle femme agréable, prétendait-on, tarda peu à l'occuper entièrement, et à le ramener au cours ordinaire de ses idées toutes futiles et sans raison.

On heurta à sa porte.

— Entrez! cria-t-il.

C'était encore le maître bottier.

— En vérité, dit avec une aigreur arrogante Charles qui se savait en fonds, — il vous tarde bien, monsieur Spechmann, de perdre ma pratique.

— Chai pesoin de mes fonds.

— Les voilà, les voilà, allons, donnez votre acquit; mais rappelez-vous bien que ni moi ni mes amis ne se serviront désormais de vous.

— Ah! monsir, vous êtes trop aimaple pour quitter un paubre père de famille; tonnez-moi un petit à-compte; six francs seulement.

— Prenez tout, et que Dieu vous accompagne ! j'essaierai des talens de votre compère Smith.

— C'est un arape.

— Et vous un juif, partant quitte.

L'ouvrier allemand soldé voulut entamer une justification que Charles termina en le poussant par les épaules, puis il lui dit :

— Après le plaisir de payer une dette, le plus doux, sans doute, est de molester un créancier.

CHAPITRE VII.

Le Meurtre.

> La débauche est sœur du crime.
> RECUEIL DE MAXIMES.

C'était dans une maison de la rue Sainte-Avoie que la maîtresse de Laurent avait planté ses pavillons, non que ce fût sa demeure ordinaire, mais bien parce que l'ef frontée profitant de l'absence de l'Anglais, alors son seigneur et maître apparent, n'avait pas hésité à choisir l'appartement de celui-ci pour en faire le théâtre de la soirée qu'elle préparait. L'habileté de Laurent avait déterminé ce choix; il fallait que Charles ne fût averti par rien du piége tendu, et la vanité de Céleste, c'était le nom de cette créature, trouvait aussi une vive satisfaction à se montrer à son avantage, soit vis-à-vis de l'étudiant ou de la donzelle nouvellement arrivée d'Italie.

Céleste ayant une clé de ce local, en avait profité pour y disposer à l'avance les préparatifs de l'espèce de fête qu'elle prétendait donner. La table était dressée non dans la salle à manger, mais dans le salon; afin que le bruit prévu que ne manquerait pas de faire la compagnie ne pût être entendu de l'escalier. Des bouteilles en nombre couvraient les consoles et un feu ardent brûlait dans la cheminée.

Charles, afin de ne pas manquer l'heure convenue, arriva long-temps à l'avance au café du Prado, où son ami ne se hâta pas de venir le rejoindre.

L'inexactitude est encore un cachet distinctif du vice. Le temps manque toujours à ceux qui n'ont rien à faire, et il n'en reste à disposer qu'à ceux qui savent l'employer.

Il était près de huit heures lorsque Laurent se montra enfin. Sa parure, si fraîche pendant la matinée du même jour, n'avait déjà plus aussi bon aspect. Il n'appartient pas à ceux qui lui ressemblent de conserver long-temps cette propreté extérieure, enseigne de la pureté de l'ame. Suivez un mauvais sujet dans sa vie privée, et partout vous retrouverez le délabrement qui annonce ses mauvaises mœurs. La négligence, l'abandon, la saleté sont inséparables de ses vices; et, ne vous y trompez pas, la bonne tenue annoncera toujours les qualités du cœur.

L'habit, le gilet, la cravate de Laurent étaient tellement froissés, ai-je dit, que Charles ne put s'empêcher de s'en étonner.

— Je gage, lui dit le jeune homme, que tu blâmes l'état de mon accoutrement; que veux-tu? il ressemble à la rose dont un rien flétrit la beauté; je n'ai pas le loisir de veiller à ces vétilles; et d'ailleurs, est-ce par la couverture que l'on doit juger l'homme?

Charles aurait pu répondre affirmativement; il n'en fit rien, impatient qu'il était d'aller où déjà on les attendait peut-être. Laurent poursuivit.

— Quant à toi, tu es mis à ravir, comme un ci-devant; tâche de ne pas en prendre les manières gourmées, elles ne conviendraient point aux bons enfans parmi lesquels tu vas te trouver. Ces façons empesées leur sont odieuses. Que cela plaise à la princesse Ethelinde, c'est possible ; quant à nous, qui sommes philosophes, nous en faisons fi.

Ce fut avec gaité que Charles répliqua à ce sujet de conversation qui se maintint jusques à la rue Sainte-Avoie. Là, une sorte de présentation en règle eut lieu, non avec la solennité qu'exige la bonne compagnie, mais presque bien, et néanmoins avec un laisser-aller de la part du frère d'Ambroisine, pour faire valoir à ses compagnons de mauvaise conduite l'importance du contingent qu'il fournissait dans la personne de l'étudiant en médecine.

Tous les convives étaient déjà rendus. La femme de Laurent qui jouait le rôle de maîtresse du logis, mademoiselle Céleste, était bien la plus massive créature que l'on pût rencontrer : grande et épaisse, blanche et rousse, elle ne manquait pas de beauté; mais, pour qu'elle plût, il fallait aimer le vice dans toute sa turpitude, et la stupidité dans tous ses développemens. Le trivial, le vulgaire, ce qui plonge dans la fange éclataient sur les traits et dans les paroles de Céleste; sa figure, par malheur, était charmante, et sous ce masque séduisant une ame se cachait, pétrie de toutes les imperfections humaines.

Le contraste était frappant entre celle-là et sa compagne Ethelinde Gilpon, dite l'Italienne à cause du séjour que, pendant quelque temps, elle avait fait dans cette heureuse contrée. Ethelinde était mince, élancée, brune et ne manquait pas de grâce : on voyait au premier abord qu'elle avait vécu momentanément dans une société plus relevée que celle à qui elle était rendue par la force des choses. Le poète Sadi ayant ramassé un morceau d'un pot de grès, qu'il trouva sous ses pieds, lui demanda, surpris de la bonne odeur qu'il exhalait, d'où en provenait la cause? C'est, repartit le vil débris d'argile, que j'ai habité quelque temps avec la rose.

Ethelinde aurait pu répondre de même. L'amant qui l'avait fait voyager, appartenant à une classe relevée, la força, malgré ses inclinations de naissance, à se tenir mieux qu'elle n'avait fait jusque là, et au moment où Charles la voyait, le pli supérieur n'était pas encore effacé; ses manières la rendaient plus agréable, et moins régulièrement belle que Céleste, elle l'effaçait néanmoins complètement.

Les trois hommes qui formaient le fond du tableau portaient sur eux l'empreinte ineffaçable du vice : leur physionomie basse la rudesse de leurs gestes, les inflexions rauques de leurs voix, leur mise plus que négligée les décelaient lors même que leurs propos ne les auraient pas fait reconnaître. Certes, le jeune homme, qui, jusques à ce moment, n'eût pas fréquenté leurs égaux, n'aurait pu les souffrir, à tel point une dégradation morale les rabaissait au-dessous même du rang où ils se plaçaient. Mais Charles ne les voyait pas pour la première fois, il s'était ailleurs rencontré avec eux ou avec leurs émules, et le choc reçu d'abord avait fini par le faire moins tressaillir, lorsqu'il était provoqué par un nouveau contact.

Quant à lui, bien que ses manières ne fussent pas aussi dignes que celles de son ami Eugène, il ressemblait néanmoins si peu à ces individus, que d'abord il forma au milieu d'eux une anomalie véritable et si frappante qu'à le voir seulement, Ethelinde, se penchant à l'oreille de Céleste :

—Ou je serais bien trompée, ou celui-là n'est point de l'acabit de ceux-ci.

Céleste répondit en faisant connaître Charles, et l'Italienne dit alors :

— Quant à lui, à la bonne heure; je gage qu'il ne me battra pas.

Ce fut avec une mine engageante qu'elle répondit aux complimens que Charles lui adressa, et s'il ne lui donna pas la main pour la conduire à sa place quand le moment de souper fut venu, du moins il lui parla avec tant de vivacité, qu'elle lui demanda s'il était libre et s'il la voulait pour sa bonne amie. On dit que, dans cette classe, l'étiquette admise veut que les femmes fassent les avances, et elles y consentent volontiers.

Le repas était déjà vers la fin lorsque cette

proposition fut hasardée; le vin qui avait été bu montait les imaginations, déliait les langues, et une franchise hideuse débordait malgré la prudence qui commandait de s'en défier. Ces messieurs racontaient audacieusement les bons tours qu'ils avaient joués à des imbéciles, et ces bons tours étaient de véritables escroqueries, des friponneries patentes; car ces messieurs, aigrefins consommés, ne vivaient que de leur savoir-faire. Les éclats de rire, la joie que chaque récit faisait éclater, ne permettaient pas à Charlss de trop approfondir le fond des aventures dont le côté, comique presque toujours, déguisait ce que l'autre avait d'odieux. Ces roueries pouvaient passer pour tromperies amusantes, selon qu'on les envisageait.

Ces dames applaudissaient avec transport, Charles se taisait; mais Laurent, placé à sa droite, lui disait à mi-voix :

— Conviens que cela vaut mieux que la vie d'un sot étudiant qui travaille.

Ethelinde d'une autre part lui prodiguait des agaceries effrontées, et déjà plus qu'à moitié sous l'empire de l'ivresse, consentait à le déclarer seigneur de sa personne et des écus qu'elle avait amassés.

Charles se taisait encore; il ressentait une honte intérieure, des remords que le vin ne noyait pas, un reste de raison le rappelait à une meilleure vie; mais l'amour du plaisir et de la dépense lui montrait, en forme de divertissement, la ruine d'une fille assez folle pour s'attacher au premier venu.

Les bouteilles circulaient rapidement, le vin était bon et fourni par la cave de mylord. Les fumées bacchiques ajoutaient à la turbulence naturelle des convives, et une orgie véritable commençait, sans réserve, dégoûtante, et que je ne décrirai pas, afin de me prémunir de l'esprit d'imitation dans lequel la gent moutonnière n'a fait faute de me suivre.

Les voix jusqu'alors contenues à un médium raisonnable, éclataient dans tout leur volume, et des chansons obscènes et des propos à l'avenant s'entrechoquaient, ainsi que les verres brisés à moitié remplis. Le grand Louis, le fort Ernest ne se déguisant plus, avouaient les turpitudes de leur existence journalière, et le premier, charmé de la vivacité avec laquelle Charles acceptait les santés qu'il portait, lui tendit sa large main à travers la table, et dit :

— En vérité, ç'eût été un vrai meurtre que de se défaire de toi lorsque nous te tenions en cage souterraine, je sais gré à Adolphe (Laurent) de nous avoir fait changer de résolution, mais souviens-toi qu'il faut nous refaire.

— Eh bien, eh bien! que dit cet ivrogne, s'écria le jeune Liégeon en l'interrompant; il a tant bu que d'un badinage, il fait maintenant une réalité.

— Me prends-tu pour un sac-à-vin, pour une tête faible, inhabile à supporter la boisson? repartit Louis, déjà mugissant de colère, tonnerre de Dieu! ne sais-je pas me conduire? est-ce que Charles ne nous connaît pas. Nous sommes de bons enfans, tous déterminés, et quant un sot tombe dans nos mains, il doit y laisser son avoir, et même s'il y a du danger...

— Laurent, dit Charles en se levant, que m'avais-tu conté? qui me trompe de celui qui parle ou de toi qui te tais?

Laurent allait répondre lorsqu'un incident inopiné changea tout-à-coup la face de la scène. Nul de ceux présens ne songeait aux absens, ne concevait la possibilité d'un de ces jeux du sort qui bouleverserait tout. La prévision de l'avenir n'est pas ce qui tourmente le plus les demoiselles de bonne volonté et leurs compagnons ordinaires.

L'orgie prenait un aspect à demi-effrayant; déjà Céleste et Ethelinde ne savaient contre qui se défendre, ou plutôt à qui céder le premier, quant une secousse brusque, donnée au battant de la porte du salon, attira de ce côté, par le bruit qui en provint, l'attention de la troupe joyeuse. Bientôt trois personnages se présentèrent : c'étaient l'Anglais épris des charmes de Céleste, un de ses amis et son domestique.

Ce retour imprévu surprit ; mais ne tracassa que médiocrement la société. Céleste seule en eut quelque chagrin ; mais, trop abattue sous l'empire des liqueurs et du punch pour bien concevoir le mal qui plus tard en résulterait, elle crut parer à tout en affectant une surprise mélangée d'allégresse, et, se levant courut au-devant de l'Anglais.

— Oh! mylord, lui dit-elle, tu vois des braves gens qui viennent m'aider à supporter l'ennui de ton absence, tous de bon ton...

Elle ne put poursuivre. Celui à qui elle s'adressait et dont la brutalité naturelle était renforcée par l'amour-propre blessé lui ayant fermé la bouche d'un revers de main qui la lui mit tout en sang.

— Ah! chien! qui bats une femme, s'écria Céleste.

— Tu touches ma particulière, ajouta Laurent, dont l'interrogation menaçante fut accompagnée du lancement d'une bouteille adressée à la tête de l'Anglais. Le projectile s'égara dans sa route et atteignit l'ami du propriétaire de l'appartement. Celui-ci, non moins irascible que son compatriote, courut à Laurent et lui asséna sur la tête de tels coups de canne que le jeune homme chancela, et tomba de toute sa hauteur.

Ces hostilités réciproques et rapides devinrent soudain le signal d'un combat auquel chacun prit part. Les quatre camarades de Laurent se ruèrent sur leurs trois adversaires, tandis qu'Ethelinde faisait mine de s'évanouir, et que Céleste se précipitait sur son amant et l'emportait en dehors de la mêlée. Ce fut à contre-cœur, mais poussé par le point d'honneur, que Charles prit part à ce combat dont les conséquences lui paraissaient pouvoir devenir dangereuses. Il aurait eu honte, d'un autre côté, d'abandonner ceux qui, en ce moment, formaient sa société, et dans ce conflit entre sa raison et sa folie, celle-ci, selon sa coutume, l'emporta.

L'engagement devenait sérieux. Les trois bandits, accoutumés à de pareilles rencontres frappaient dur, et les Anglais, instruits à boxer, soutenaient l'attaque vigoureusement. Le succès était balancé, lorsque Céleste, ne voyant pas Laurent revenir à lui, le crut mort, et dans la fureur qu'elle en éprouva, sa tête, d'ailleurs, égarée par les vapeurs de l'ivresse, courut à la table lorsqu'on la renversait sens dessus dessous, prit un couteau et vint, par derrière, l'enfoncer dans les flancs du second Anglais. Le malheureux, ainsi frappé, poussa un cri terrible et tomba mort sur le plancher, tandis que des flots de sang inondèrent la salle... Un crime avait été commis, et, sans doute, la vengeance des lois ne lui manquerait pas. Ce fut un acte atroce de passion et de fureur, tel que se le permettent souvent ces créatures, abruties par la débauche et le vin ; êtres à part, qui, sans connaître les tendresses délicates de l'amour, en ont les excès et la violence, capables de jalousie dans leur carrière infâme et de dévouement, mais à condition que celui qui en est l'objet les égarera dans leur turpitude et dans les vices qui les souillent.

CHAPITRE VII.

L'Alternative.

Il vaut mieux résister en tout au méchant,
que de lui céder en la moindre chose.
Reflets de la Sagesse.

Des cris, des blasphèmes, des imprécations de tous genres avaient accompagné l'engagement brutal qui venait d'avoir lieu. D'un côté, étaient la frénésie de l'ivresse et des habitudes d'une vie d'excès; de l'autre, la colère de l'orgueil offensé; c'était donc avec une rage véritable que l'on s'attaquait réciproquement. Mais néanmoins, à l'instant où le meurtre avait été commis, lorsque l'Anglais fut tombé de toute sa hauteur, et qu'avec son sang versé on vit sur son visage la pâleur d'une mort certaine, les assaillans, frappés à leur tour d'une terreur motivée, suspendirent instantanément les hostilités.

Ce fut, de la part du maître de l'appartement et de son domestique, pour voler au secours de la victime qui gisait là devant eux; et, de la part des autres, pour songer à une retraite commandée impérieusement par l'acte coupable de Céleste. On pouvait craindre d'ailleurs que le bruit du combat n'eût éveillé l'attention des voisins, et que déjà quelqu'un de ceux-ci ne se fût détaché pour aller quérir la garde, et on prévoyait les conséquences d'une arrestation en un moment pareil.

Le malheureux Charles surtout, épouvanté de ce qui ce passait, et point familiarisé avec de tels crimes, avait repris soudainement sa raison, et pâle et tremblant, et rempli de désespoir, ne savait ce qu'il y avait à faire, quoiqu'il comprît que la fuite prompte était la seule ressource qui lui restât. Mais il demeurait tellement étourdi de sa coopération involontaire à un crime, que, de lui-même, il n'aurait pu se décider à prendre un parti.

Ethelinde, plus usagée que lui à de telles scènes, fut la première à lui dire qu'il fallait se sauver, que le péril croissait à chaque seconde.

— Viens, lui dit-elle, tu me donneras le bras, et nous nous évaderons.

—Abandonnerai-je Laurent? dit-il en montrant celui-ci étendu pareillement comme le cadavre de l'Anglais sur le parquet du salon.

— Que t'importe un coquin de moins, songe à toi.

— Et à lui pareillement, répondit Charles; je me croirais coupable de le laisser ici.

Et en parlant, il se baissa pour le prendre dans ses bras; il fut prévenu par le robuste Ernest, qui, ayant la même pensée, et qu'une amitié particulière liait au frère d'Ambroisine, souleva celui-ci avec facilité, le chargea sur ses épaules, et faisant signe à Charles de le suivre, marcha d'un pas hâtif vers l'escalier. Lorsqu'ils y parvinrent, l'éveil déjà était donné dans la maison; chaque locataire arrivait sur l'escalier muni d'une lumière; aucun néanmoins n'allait plus loin : on en était aux conjectures, lorsque Ernest se présenta le premier.

— Place! place! cria-t-il; il y a là dedans des Anglais qui tuent des Français ; allons tous chercher main-forte, voici un blessé que je porte à l'hôpital ; et qu'on y prenne garde, ces goddams sont enragés, et armés jusques aux dents, ils feront feu sur quiconque se présentera.

Ces mots étaient à peine prononcés que tous les voisins se préparèrent à la retraite. Les plus courageux se dirigèrent vers la cour où le portier se tenait, rempli comme les autres d'une anxiété affreuse. L'escalier demeura donc libre, et la bande des compagnons de la désœuvrance en profita pour descendre en masse serrée. Un d'entre eux, par une ruse de guerre qui produisit son effet, se mit à crier qu'on s'enfermât parce que l'ennemi allait tirer par les fenêtre, et à ce conseil donné, chacun décampa ayant le cœur rempli d'une frayeur profonde; le portier fit comme les autres, et livra pleinement le passage. Louis conduisait Céleste, entièrement dégrisée; il tira lui-même le cordon, et tous, à leur joie indicible, se trouvèrent dans la rue.

Une fois échappés au péril intérieur, on se sépara, et l'on prit les diverses rues qui se présentèrent successivement. Charles seul s'obstina à ne point s'écarter d'Ernest qui, marchant avec la légèreté d'un oiseau, entra dans la rue des Blancs-Manteaux, et là, après avoir fait quelques pas, s'approcha d'une porte, en fit jouer le secret, et toujours chargé de Laurent, qui commençait à sortir de l'étourdissement où les coups de canne reçus l'avaient jeté, entra dans cette maison en faisant signe à Charles de le suivre. Charles obéit, entraîné qu'il fut par un mouvement machinal.

— Nous sommes sauvés, lui dit Ernest à

voix basse, et sauvés d'une vilaine affaire. Il y a eu mort d'homme, et la complicité ne nous manquera pas; tu y es pris comme nous autres, et maintenant nous pouvons compter sur toi.

— Donnons des secours à Laurent, repartit Charles, accablé plus que jamais des suites de son étourderie, et qui, révolté de la familiarité insolente du mauvais sujet, évitait, par une réponse directe, de le mécontenter ou de s'engager avec lui.

— Les secours ne manqueront pas à notre ami, car, c'est ici que je loge. Mais lui-même vient à son aide; il me semble que je le sens remuer.

Ce colloque avait lieu en montant un escalier en limaçon, et au milieu d'une obscurité complète qui ne permettait à personne de voir les objets environnans. Ernest achevait à peine de parler, lorsque la voix affaiblie de Laurent se fit entendre. Il demanda où il était.

— En paradis, répliqua son camarade, et je viens de t'arracher de l'enfer. Mais tais-toi, reste tranquille, nous aurons le loisir de jaser lorsque nous serons arrivés.

Peu après, et quatre étages dépassés, Ernest s'arrêta, sortit une clé de sa poche, ouvrit une chambre, et alla d'un pas ferme et comme s'il n'eût porté aucun fadeau, déposer le sien sur un lit misérable, et puis se mit à battre le briquet pour avoir de la lumière. Ce fut encore un spectacle hideux que celle-ci éclaira. Le sang, qui sortait en abondance du nez de Laurent, avait souillé les vêtemens d'Ernest, dont la figure, horriblement meurtrie, portait la marque des coups de poing que le domestique de l'Anglais lui avait donnés. Charles n'était guère dans un meilleur état, ayant son habit déchiré, son chapeau enfoncé et sa physionomie empreinte, par-de ssucela ,d'une douleur morale, d'un remords qui lui causait d'étranges convulsions nerveuses.

Charles admira le calme de ses compagnons, qui se mirent à causer tranquillement de l'assassinat commis, qui en plaisantèrent même.

— Tu dois un fameux amour, dit Ernest à Laurent, oui, tu dois beaucoup à cette pauvre Céleste ; elle n'a pas balancé à te venger, et, le couteau dans la main, a fait son office. C'est une héroïne, pourvu qu'on ne la pende pas.

— Est-elle arrêtée, demanda Laurent du ton le plus indifférent?

— J'espère que non. Elle s'est sauvée avec nous, et, sans doute, on la mettra à l'ombre pendant quelque temps.

— Elle fera bien; c'est une folle qui nous a tous compromis.

— Louis n'a pas moins fait qu'elle.

— Qui a-t-il donc tué, demanda Laurent toujours avec la même froideur?

— Personne. Mais je l'ai vu ramasser l'argenterie et la mettre dans sa poche de peur qu'elle ne s'égarât. Ce drôle pense à tout.

— Oh! c'est un illustre; mais il achève, par là, de nous compromettre.

— Que veux-tu, la tentation était forte. Fallait-il, d'ailleurs, que de si bonnes choses demeurassent sur le plancher? le premier venu s'en serait nanti. Louis l'a devancé, et nous en aurons notre part.

Charles, pendant ce colloque, dont le texte le dégoûtait, s'étant reculé et appuyé contre la muraille, cherchait de quelle façon il pourrait s'y prendre pour se retirer d'une société pareille. Laurent, ne le voyant pas auprès de lui, et après avoir bu, pour se reconforter, la moitié presque d'une bouteille d'eau-de-vie qu'Ernest lui présenta, et qu'il acheva ensuite; Laurent, dis-je, appela Charles et le contraignit à se rapprocher du grabat sur lequel il demeurait étendu.

Et bien, beau-frère, dit-il, n'est-ce pas que tout ceci t'amuse ou t'intéresse ; que nous sommes de bons garçons!... Tu as franchi le pas; te voilà complice d'un assassinat et d'un vol; ce n'est plus à nous à te cacher ce que nous sommes; et comme tu es devenu l'un des nôtres, si tu nous trahis, notre sort t'est assuré.

— Laurent, répliqua Charles avec impétuosité, Dieu est témoin que maensée n'a jamais été coupable ; qu'en te suivant partout où tu m'as conduit, j'ai cédé à cette faiblesse trop commune aux jeunes hommes, à ce laisser-aller contre lequel leur raison ne les préserve pas; de cela conclure que je consentirais à me confondre parmi des filous, c'est en tirer une conséquence fausse. Je me suis lié avec toi, d'abord par gratitude, et, ensuite, à cause de ta sœur. Je vois, maintenant, où conduit une amitié pareille, et je la dénoue. Que toi et tes camarades soient tranquilles, je ne vous dénoncerai jamais; je chercherai à perdre votre souvenir, à oublier vos noms; bien certain, toutefois, de conserver, pour ma confusion éternel,le la mémoire de mon extravagance.

— Tous chantent sur un ton pareil, dit Laurent à Ernest, en accompagnant ces paroles d'un sourire de mépris. Oui, c'est là leur sot langage chaque fois qu'on débute. Ils se forment plus tard et nous épargnent le tableau de leur vertu blessée et de leurs remords ridicules. (Puis se tournant vers Charles) Insensé que tu es! penses-tu désormais pouvoir, à ton gré, disposer de ton existence; elle est liée à la mienne, à celle de mes camarades. Les uns ou les autres auront la fantaisie ou la nécessité de te compromettre un peu plus. Celui de nous qu'on arrêtera se fera un malin plaisir de déclarer ton nom à la justice; dès-lors, tu seras appelé en témoignage, sinon comme complice; tu seras flétri, soupçonné, et, par nécessité, contraint de revenir à nous, tandis qu'en t'y ralliant de bonne grâce, on te gardera le secret, et, en apparence, tu seras un honnête homme.

— Laurent, je ne m'imaginais pas où tu voulais me conduire.

— Tant pis pour toi; il faut, dans la vie, veiller si on veut être à l'abri de toute embuche. Tu as voulu voir des filles, des bons enfans, partager leurs jeux; il y a eu dès-lors nécessité à devenir leur complice. Tout est dit maintenant ; car, mon très-cher seigneur, comment te démêleras-tu de ta part du meurtre de tantôt ?

— Ma part, je la renie.

— Elle sera plus grosse que tu le penses ; car, enfin, si, pour sauver Céleste, Louis, Ernest, Vital et moi prétendons que nous t'avons vu frapper des coups de couteau.....

— Vous en seriez capables ! s'écria Charles en pâlissant.

— Pourquoi pas, lorsque ce mensonge serait notre seul moyen de nous débarrasser de toi.

— Mais l'Anglais qui vit et son domestique...

— Diront le contraire, je te l'accorde, quoiqu'il soit possible qu'ils n'aient pas vu le véritable assassin, et que, dans dans l'incertitude, ils se taisent, tu n'en resteras pas moins sous une suspicion terrible; celui qu'on a tué a pu être frappé plus d'une fois, et, nos cinq témoignages, car Céleste ne demandera pas mieux que de se délivrer d'une telle charge, auront un peu de poids.

— Vous êtes des misérables, répondit Charles en cachant son visage dans ses mains.

— Ou plutôt de francs camarades qui t'avons goûté, qui tenons à toi, qui te voulons au rang des nôtres. Allons, décide ton sort; avec nous, on s'amuse, et vogue la galère. Au reste, réfléchis à ton aise; mais songe bien que si tu nous fais faute, nous ne te manquerons pas.

Les propos tenus à Charles achevaient de faire tomber le voile dont, jusqu'alors, ses yeux étaient couverts. Il voyait pleinement où amenaient ces liaisons inconsidérées, ces amitiés fatales contractées étourdiment à l'encontre du premier venu. Il contemplait avec épouvante le gouffre creusé devant lui;

et tout ce qui s'était passé naguère agitait si vivement ses esprits, qu'il manquait de réflexion pour se chercher des ressources qui devaient pourtant exister. Il tressaillait, s'indignait, et ne pouvant prendre un parti, comprenait seulement que, dans une occurence pareille, il fallait garder des ménagemens envers des hommes capables de se porter aux derniers excès. Il se taisait néanmoins, ne pouvant prendre sur lui ni de répondre affirmativement, ni de faire connaître sa détermination ferme de ne plus se perpétuer en pareille société. Son silence impatienta Laurent qui, surmontant la souffrance que ses meurtrissures devaient lui occasioner, qu'oubliant ce qui s'était passé naguère, et enflammé par l'eau-de-vie bue toute-à-l'heure après la débauche du souper, se leva ur son séant, descendit du lit d'un pas faible; et allant à Charles, qui le vit venir avec dégoût :

— Allons, cher ami, allons, dit-il, prends du courage! sois homme; abandonne-nous ton ame lorsque, de ton aveu, nous possédons déjà ton corps. Ambroisine t'en récompensera; c'est une fille charmante; elle nous vaudrait beaucoup, si elle consentait à s'enrôler parmi nous. Ce sera à toi à user de l'ascendant que tu as pris sur elle; tu nous la gagneras, et nous t'en aurons de la reconnaissance.

— Malheureux! tu veux perdre ta sœur!

— Ma foi, n'est-elle pas presque à moitié égarée? n'est-ce pas déjà une fille du monde? Que lui reste-t-il à faire? un pas encore, un seul; je l'ai bien fait, moi qui te parle, et, certes, je crois la valoir.

— Sors de cette erreur, Laurent; elle est honnête, du moins dans sa faute.

— Oui, fort honnête, très-décente, une demoiselle qui fait appel dans la rue. En vérité, vous autres honnêtes gens, avez de singulières capitulations de conscience. Au reste, ce sujet à traiter n'est pas le principal : tu viens d'abord en première ligne; elle arrivera en seconde, et lui sera-t-il permis de résister à la tendresse fraternelle et à celle non moins vive de ton amour?

Et le jeune vicieux se mit à rire à la manière des démons. Charles se tut, et Ernest lui dit :

— Tu as entendu, Adolphe; fais tes réflexions. Tu peux t'en retourner chez toi; il ira demain prendre ta réponse; médite-la bien, car de la façon dont tu la concevras, ta vie prendra une direction nouvelle, et, pour ma part, je te répète ce que lui, déjà, t'a fait entendre : si tu nous manques, nous ne te manquerons pas.

CHAPITRE IX.

La Sagesse.

> Rompez vite toute amitié qui compromet votre honneur.
> CHARRON.

La nuit était avancée lorsque Charles quitta les deux mauvais sujets auxquels sa légèreté fatale l'avait associé. Il marchait en tremblant dans ces rues que, la veille encore, il parcourait sans aucune crainte. Alors, fort de son innocence, il n'avait pas à redouter ceux qui veillent pour la défense de la société, et, maintenant, un crime commis, un vol consommé par ceux qu'il fréquentait, et en sa présence, faisaient peser sur lui une funeste responsabilité. Il frémissait au moindre bruit, redoutant qu'une patrouille, venant à passer, ne l'arrêtât. Il frémissait à la pensée d'une dénonciation déjà portée contre lui, soit par les deux viles créatures, soit par Louis ou Vital; et quel serait le désespoir de son père, de sa mère, de tous ses proches en apprenant sa conduite? et comment, au lieu de se livrer à l'étude sérieuse nécessaire à la noble profession à laquelle il se destinait, il avait employé son temps à des plaisirs qui dégradent et à des liaisons qui pervertissent?

La terreur légitime qu'il éprouvait l'arrêta au moment de rentrer chez lui. Il s'arrêta, hésitant sur ce qu'il devait faire. Etait-il prudent de se mettre au pouvoir de la police, si, déjà, elle avait eu l'éveil? Ses yeux, en ce moment, aperçurent de la lumière dans la chambre d'Eugène. Logé vis-à-vis de chez lui, Eugène, déjà levé sans doute, et travaillant, paisible, sans remords déchirant, sans épouvante sur-tout de l'avenir... Il était heureux, pensa Charles, sans réfléchir que ce bonheur aurait pu être son partage, puisque, pour le goûter pleinement, il aurait suffi de se bien conduire et de ne pas se lancer avec étourderie sur une route semée d'écueils.

Nous avons presque toujours le tort de ne pas voir que notre destinée est notre propre ouvrage; que c'est nous qui la faisons ce qu'elle est, et pas elle qui nous accuse quand nous l'accusons; c'est notre injustice. Il faudrait plus équitablement adresser ces reproches à notre propre folie, à notre turbulence, à notre impétuosité. Nous sommes, en un mot, ce que nous nous faisons.

Charles conçut l'idée sage d'aller trouver son véritable ami, de lui ouvrir son cœur, de prendre ses conseils, dût-il rougir des aveux qu'il faudrait faire, et auxquels son amour-propre aurait de la peine à se décider. Il frappa, et le portier fut lent à venir lui ouvrir : il connaissait Charles, aussi ne fit-il aucune difficulté de le laisser monter chez Eugène, surtout lorsque la demande qui lui en fut adressée eût été accompagnée du cadeau d'une pièce de quarante sous.

Eugène, en effet, se livrait avec ardeur à un travail pénible. Il venait, depuis une heure environ, de quitter son lit, et la venue de son ami le surprit; elle l'étonna davantage quand il eut vu et la pâleur de sa physionomie altérée, et ses vêtemens déchirés, et les taches de sang qui les couvraient. Il crut d'abord que Charles avait eu à lutter, dans la rue, contre des malfaiteurs, et ses premières paroles manifestèrent cette conjecture.

» Plût à Dieu, lui put-il répondre, que ce délabrement ne m'accusât pas ! mais, cher Eugène, je suis un insensé, un misérable, non criminel, sans doute, mais en voie de le devenir.

Ce propos troubla l'étudiant en droit, et son amitié sincère, alarmée, le porta à presser Charles de questions et à obtenir l'entière confidence de tout ce qui s'était passé. A mesure que le récit avançait, le front d'Eugène se couvrait de tristesse. On voyait aisément le chagrin que lui causait cette longue suite d'imprudences qui avaient abouti à une sorte de complicité de vol et d'assassinat, et à un engagement, non moins affreux, avec une bande de scélérats consommés. Charles reconnut les sentimens de son ami, en rougit, s'en pénétra de désespoir, et, s'il ne put le justifier en entier, du moins, repoussa avec véhémence toute participation d'ame à ce qui avait été fait et à ce qui aurait lieu encore.

— Charles, dit Eugène, lorsque celui-ci eut achevé, dans une situation pareille, on ne s'arrête pas à dénouer les liens qui attachent, on les rompt; on n'hésite pas surtout: la retraite en face d'un péril imminent est le seul acte de courage convenable. Il faut que sur-le-champ tu quittes Paris, que tu retournes dans ta famille, afin de faire perdre ta trace aux malheureux qui, sans cela, te poursuivront dans le but infâme de te rendre digne d'eux.

Ce conseil, prudent, sans doute, ne convenait point à qui on l'adressa. Il connaissait la sévérité de ses proches; il reculait à la pensée de revenir à eux brusquement, et surtout en ayant interrompu le cours d'une année scholaire. Quelles raisons donnerait-il? plutôt mourir que d'avouer la véritable.

— Mais si ces mauvais sujets te voient, ils ne te lâcheront pas.

— J'éviterai leur présence; je serai assidu à mes devoirs; je ne te quitterai plus; en effet, je renonce aux bons enfans, aux jeunes maîtresses. Oui, que je me sauve de cette équipée, et je commencerai une nouvelle existence. Toi et Pauline, je ne veux rien au-delà.

Eugène, à ce propos, hocha la tête.

— Moi, à la bonne heure, dit-il! mais cette jeune fille, qu'en veux-tu faire? Elle est honnête encore; la pervertiras-tu lorsque toi-même as le projet de t'amender? Sera-ce un moyen convenable de revenir à la vertu?

N'est-il pas plutôt à craindre que ceci ne t'ouvre une autre source de tracas ? Crois-moi, Charles, fuis Paris, tu t'en trouveras mieux.

Charles s'opiniâtra à n'en rien faire. Il espéra de ses illusions ce qu'il n'aurait dû attendre que d'une détermination forte et positive. Le jour se leva et lui rendit un peu de calme. Il emprunta une lévite à Eugène pour rentrer chez lui, et ce dernier, en outre, lui remit assez d'argent pour qu'il pût rendre au frère d'Ambroisine ce qu'il en avait reçu la veille. Quelques heures s'écoulèrent, et rien de fâcheux ne survint. Charles se rassure, espérant que ses camarades ne le dénonceraient point, et qu'eux-mêmes, peut-être, ne seraient pas arrêtés.

Vers le milieu de la journée, il céda au désir d'aller consoler Ambroisine, qui devait être inquiète sur le compte de Laurent. Ceci était un pas rétrograde, une rentrée dans l'abîme dont il voulait sortir ; mais voilà l'homme : ses résolutions les meilleures ne tiennent pas contre un penchant secret, et, dès le péril passé, il l'oublie au point de le provoquer encore.

Ambroisine ne savait rien de ce qui s'était passé. Accoutumée aux absences fréquentes et bien autrement prolongées de son frère, celle-là ne l'inquiétait pas ; mais elle sortit de sa tranquillité aux questions que lui fit Charles, la croyant instruite, et dont il se repentit aussitôt ; mais il n'était plus temps de les retenir. Ambroisine ignorait véritablement l'ensemble de la conduite de son frère, en soupçonnait une partie, et non tout ce qu'elle avait de coupable. Les paroles de Charles la troublèrent étrangement, et, pour achever de tout connaître, pressait celui-ci avec une chaleur dont il ne savait comment se défendre, lorsque Laurent survint; il n'était pas attendu.

Un cri d'effroi échappa à l'ouvrière en modes à l'aspect de son frère, qui se présentait pâle, défait, meurtri et dans un état presque hideux à tel point, ses habits et sa personne étaient en mauvais ordre.

— Oh! s'écria-t-elle, que s'est-il donc passé? qu'as-tu fait, Laurent, et dans quelle mauvaise affaire as-tu entraîné notre ami?

— Tu t'alarmes d'un badinage, répondit le jeune homme en affectant de rire; nous avons, hier, soupé ensemble; une querelle s'est élevée; cela arrive chaque jour; *pif paf*, des coups ont été donnés et reçus. J'en ai pris ma bonne part, attendu que je suis un faubourien quand je tape, et Charles, encore novice, a pris la mouche, a cru tout perdu, et je gage qu'il s'est hâté de venir te faire part d'un tel enfantillage.

Et Laurent, tandis qu'il parlait ainsi, adressait à Charles un regard de reproche.

— Non, non, dit Ambroisine, la chose ne s'est point passée ainsi; il y a au fond de ce que tu me contes beaucoup plus que tu ne m'en apprends. Tu es lié avec des misérables, et si tu les écoutes, ils te mèneront loin.

— Qui sait où chacun de nous doit finir sa vie? répliqua Laurent d'une voix altérée. Qu'importe, au fond, pourvu qu'elle ait passé joyeuse et douce. Je vois Ambroisine en humeur de gronder, cela ne me convient point; viens avec moi faire un tour de promenade au Luxembourg; elle sera moins querelleuse lorsque nous reviendrons.

Il fit quelques pas vers la porte; mais Charles, ne se mettant point à le suivre, il s'arrêta, se tourna vers lui.

—Ne m'as-tu pas entendu? dit-il; serais-tu

rebelle à mon commandement? ne sais-tu pas que je suis un chef à qui on doit obéissance? car, si on se révolte, la punition est au bout.

— Je ne m'en tourmente guère, répondit Charles avec dédain; il est des menaces que je brave; je préfère qu'on les exécute à une soumission qui achèverait de me dégrader.

— Vrai! tu as déjà tant d'audace que tu ne craignes plus la honte?

— Pas plus que toi le châtiment, répliqua Charles d'une voix ferme.

— Oh! mon gentil garçon, dit Laurent avec dédain, j'ai toute honte bue. Cela doit être ainsi, puisqu'il ne me reste rien à perdre. Mais toi, ne tiens-tu donc plus à ta position sociale, à l'estime du public, à ces sots préjugés dont on nous berce? Ne sais-tu point que, pour perdre tout cela, un mot de ma bouche peut suffire?

Ambroisine, jusque là, avait écouté

cette lutte de paroles sans trop la comprendre; mais aux menaces sinistres que son frère adressait à son amant, elle devina qu'un nœud criminel les liait ensemble, et se mettant à parler à son tour :

— Qu'est-ce, Laurent? dit-elle; dans quel piége infernal as-tu jeté notre ami? Je te sais bien mauvais garnement, faut-il que j'apprenne que tu es plus encore!

— Ma jolie sœur, chacun de nous chemine sur la voie qui lui est départie, toi dans les modes et les erreurs de l'amour, moi dans la paresse et toutes ses conséquences. Lui nage entre deux eaux au milieu de nous; tu veux en faire un efféminé, je prétends qu'il devienne homme. Il s'est partagé sottement; tu ne l'as pas mené loin, parce qu'avec toi la carrière est bientôt fournie; moi, au contraire, je prétends lui faire voir une vaste étendue de pays. Il a de la peine à me suivre, il hésite, il s'attarde; mais, dès le moment qu'il ne m'a pas repoussé au début de notre connaissance, il faut que, de bon ou de mauvais gré, il s'embarque sur ma nacelle et fasse voile avec moi sur toutes les mers où il me plaira de naviguer.

— C'est ce que tu n'obtiendras pas de moi, dit Charles tout ému. Reviens à de meilleurs sentimens. Souffre, du moins, que je m'échappe : je suis innocent de tout ce qui s'est passé ; pourquoi tiens-tu à ce que j'en sois complice ?

— Parce qu'il me plaît, répliqua Laurent avec impétuosité, que vous autres messieurs les étudians et les riches, qui avez tant de mépris pour ceux de ma classe, soyiez parfois souillés comme nous. Tu me dois la vie, tu le sais ; c'est ton avenir que je veux en récompense. Je resterai le démon qui ne et laissera pas respirer.

— Mais, enfin, que s'est-il donc passé ? demanda Ambroine à Charles ?

Charles garda le silence, et Laurent, alors, s'adressant à sa sœur :

— As-tu donc tant de fantaisie de le savoir ? Dans ce cas, je vais te l'apprendre : hier au soir, on a volé des couverts et tué un homme dans un lieu où Charles et moi nous nous trouvions en nombreuse compagnie. Nous sommes tous solidaires les uns des autres, et la chaîne qui nous lie ne peut plus être rompue par un effort humain.

A mesure que Laurent prononçait ces paroles, elles allaient retentir douloureusement dans le cœur d'Ambroisine, qui, tour-à-tour, laissant paraître sur son front la rougeur de la honte et la pâleur du désespoir, attachait sur son frère des regards remplis d'un feu sombre. Laurent, malgré son effronterie, et vaincu par le souvenir de tout ce que sa sœur avait fait pour lui, s'efforçait de se maintenir dans son audace et de ne point paraître ému. Mais, en lui-même, il se reprochait déjà ce qu'il venait de dire, et regrettait la jactance de sa perversité; dès qu'il eut achevé :

—Fort bien, Laurent, dit Ambroisine d'une voix altérée; je vois que tu ne veux pas manquer au sang dont tu sors; que tu cherches à réunir sur ta tête... Tu frémis! tu me comprends; veux-tu que j'achève ? Il est des choses curieuses pour Charles, que je peux révéler à mon tour.

Il y eut un sentiment indéfinissable qui parut remplir l'ame de Laurent lorsque sa sœur parlait; son front s'abaissa; la malice, qui se montrait si expressive sur sa physionomie, disparut tout-à-coup. Il frappa du pied le plancher, mordit ses lèvres avec violence, au point d'en faire jaillir du sang; puis, répondant à Ambroisine :

— Oh! nous sommes dignes l'un de l'autre, ou, pour mieux dire, nous venons.... — Eh bien! faut-il s'étonner que je me soumette à ma destinée! que je marche à côté de la vertu! Je fais ce que d'autres ont fait avant moi....

— Es-tu donc déjà si bas descendu? reprit Ambroisine en l'interrompant; achèveras-tu de la flétrir? la rendras-tu plus à plaindre qu'elle ne l'est déjà? et, parce qu'elle a un ami, ne seras-tu satisfait que lorsque celui-ci aura été perverti à ton exemple?

— Je hais les hommes et l'espèce humaine à la fois, s'écria Laurent avec une véhémence toujours croissante; je hais tout ce qui s'élève au-dessus de moi. Il m'est affreux de me voir, jeune, beau, spirituel peut-être, et néanmoins enfoncé dans la boue, poursuivi par la misère, frappé par l'infamie. Quoi! ces avantages seront en pure perte! Je n'en suis investi que pour qu'ils soient inutiles, que pour qu'ils servent seulement à me désespérer! Eh bien! si telle est ma tâche, quiconque m'abaise devient mon ennemi. Je ne respecte ni le rang, ni l'amitié, et dès que je ne peux être parmi les heureux, ma seule consolation doit être de faire descendre les heureux à mon niveau.

Charles écoutait, profondément touché, un aveu extraordinaire : ces expressions d'un désespoir infernal, et néanmoins dignes de pitié, l'étonnaient. Il se demandait comment un jeune homme, que jusqu'alors il avait vu si léger et si frivole, pouvait cacher, sous ces apparences, une telle énergie, des passions si haineuses et si violentes? Mais en même temps, il s'épouvantait d'être lié avec lui, et s'inquiétait de quelle façon se dénouerait cette aventure fatale. Il avait jusque là gardé le silence pendant le débat élevé entre le frère et la sœur. Ce que l'un et l'autre lui révélaient à demi le portait à désirer une rupture complète; mais comment pouvoir l'effectuer? comment, surtout, montrer de l'ingratitude à l'égard d'Ambroisine, au moment précis où elle prenait sa défense avec tant de chaleur? Cette pensée achevait de le tourmenter, et il cherchait péniblement l'issue possible d'un pareil labyrinthe, et d'abord ne l'aperçut pas, troublé qu'il était par une attaque si nouvelle, par une scène dont, jusqu'alors, il n'avait pas été acteur; il en voyait le nœud. Les difficultés, mais ou en trouverait-il l'issue heureuse? le piége qui l'enlaçait était tissé non avec tant d'habileté qu'en démêler la trame n'était pas facile; cependant pouvait-il céder ainsi et tomber volontairement dans le crime parce qu'une circonstance funeste l'avait fait participer involontairement à une mauvaise action? non sans doute, et il se détermina à combattre plutôt qu'à s'avilir.

CHAPITRE X.

Le Répit.

> Souvent la Providence nous accorde un délai ; malheur à celui qui n'en profite pas.
>
> Le père Elysée.

Laurent, dit Charles enfin, et lorsqu'il ut pris sa détermination dernière, quoi 'il puisse arriver de mon refus à m'enga- plus avant avec toi, ne te flattes pas que ainte me pousse à me rendre plus coupable; tu ne peux d'ailleurs me perdre qu'en te perdant; tu entraîneras ta sœur si la malignité t'égare, et j'espère que la tendresse que tu lui dois l'emportera sur l'attrait de me faire du mal. Je me refuse donc à ce que tu me proposes, et je compte assez sur la justice des hommes pour présumer que l'on reconnaîtra mon innocence tout en blâmant l'étourderie qui m'a guidé jusque là dans mes liaisons.

— Fais à ta guise, répliqua Laurent; j'agirai à la mienne.

Et il se préparait à sortir lorsqu'Ambroisine, l'arrêtant, le supplia de demeurer encore; elle voulait lui parler, et surtout sans témoin. Charles, sur sa prière, sortit et dut aller au Luxembourg attendre Laurent qui ne tarderait pas à l'y rejoindre. Il obéit à la demande de la jeune fille, et, le cœur cruellement agité, passa, à attendre le mauvais sujet dont il avait fait son ami, une des heures les plus pénibles qui s'étaient jamais écoulées pour lui.

Lorsque Laurent parut, il essaya de démêler sur sa physionomie ce que, dans son cœur, il pensait définitivement. Il ne put y reconnaître qu'une solennité peu ordinaire et fort en contraste avec la gaîté qui l'animait avant cet instant.

— Rends grace, dit le frère d'Ambroisine en abordant Charles, à l'amour que ma sœur te porte; elle a vaincu en ta faveur: tu es sauvé, et sauvé réellement; car j'étais décidé à te faire partager le sort de mes camarades, et le mien sans doute; mais elle a vaincu : il lui en coûte cher.

Laurent s'arrêta, tandis qu'une vive rougeur colorait son front. Charles balbutia, en réponse, des paroles décousues, que le jeune homme parut écouter à peine; puis il reprit:

— Car ce verbiage est inutile ; tu es sauvé, mais non complètement. Ta réputation souffrira, quoi qu'il arrive, des habitudes que tu as contractées; on saura qui tu fréquentais, et ceci te nuira plus tard ; mais ce ne sera pas moi qui te serai funeste; je l'ai juré à Ambroisine, et lui tiendrai ma parole, à une condition cependant à laquelle il faut te soumettre.

— Qu'est-ce ? dit Charles satisfait, et évitant de le faire connaître.

— Que tu cesseras de voir ma sœur, que tu oublieras son adresse et jusques à notre nom.

— Que je renonce à voir mon amie, ma véritable bienfaitrice ?

— Oui, il le faut; et si tu y manques, ce sera moi qui me chargerai de te punir de cette déloyauté. D'ailleurs, est-ce à un homme comme il faut, poursuivit Laurent avec une ironie amère, qu'il convient de fréquenter de la vile canaille? Ambroisine et moi sommes les enfans d'un forçat mort en subissant sa peine. Voilà, mon cher ami, de quel sang sort la maîtresse que tu t'étais donnée et d'où vient le compagnon de tes plaisirs. J'ai, de plus, des vols sur ma conscience; et tous les hommes dont je t'ai rapproché ont, plus ou moins, subi des condamnations infamantes. Tu en sais assez, adieu.

Charles, courbé par le poids de cette révélation cruelle, resta comme frappé de la foudre ; son sang se glaça, et il ne put ni parler ni faire aucun mouvement; ses yeux étonnés suivirent néanmoins, malgré leur fixité effrayante, Laurent qui s'éloignait d'un pas rapide. Lorsqu'il l'eut perdu de vue, il sortit de son état d'immobilité; ce fut d'abord pour cacher dans ses mains sa figure et pour dérober aux passans les larmes que la honte arrachait à ses yeux. Il se trouvait par bonheur dans une place peu fréquentée où il put demeurer sans devenir l'objet d'une curiosité désagréable.

Tout ce que Charles venait d'apprendre jetait dans son ame une consternation qui l'affaissait complètement. Il frémissait à la pensée des dangers qu'il avait courus et de la souillure contractée au milieu d'une société pareille; il déplorait avec amertume sa faiblesse, sa facilité imprudente, et formait, pour l'avenir, des plans de réforme auxquels il se flattait de pouvoir tenir facilement, ignorant que là où la pente vicieuse s'est établie, il est difficile de la redresser assez bien pour qu'on se sauve de glisser dessus.

Frappé dans son amour, dans son amitié, en opprobre à lui-même, flétri dans son opinion, incertain encore de ce qui aurait lieu, il se sentit enfin assez de courage pour quitter le Luxembourg; et, à pas lents, il retourna auprès d'Eugène auquel il ne cacha rien de ce dernier incident. Eugène le plaignit, mais ne lui laissa pas ignorer que désormais il lui serait impossible de se montrer en public avec lui.

Il m'est affreux, di-il, de t'abandonner en apparence, et pourtant je dois le faire; l'honneur me commande cet impérieux et triste devoir. Ceux que tu as fréquentés peuvent nous rencontrer ensemble et me juger à leur hauteur. Mon ami, lorsqu'une fois on a exposé sa réputation, il est presque impossible qu'elle puisse nous être rendue dans tout son éclat premier. Nous nous verrons ici ou chez toi, mais au dehors cela ne peut plus avoir lieu.

Ce coup inattendu, qu'adoucissaient cependant les formes affectueuses d'une amitié sincère, acheva de désespérer Charles et de le plonger dans un désespoir mélancolique dont il ne chercha pas à se retirer. Il prit congé d'Eugène; se rappelant qu'il avait oublié de remettre à Laurent l'argent qu'il en avait reçu la veille, il rentra chez lui et renvoya cette somme par un commissionnaire; ce dernier revint au bout d'un peu de temps rapportant la somme et un billet ainsi conçu :

« Quand cet écrit te parviendra, Ambroi-
« sine et moi aurons changé de domicile;
« rappelle-toi que tu ne peux chercher à te
« rapprocher de ton ex-maîtresse sans qu'il
« t'en coûte cher. Au demeurant, je ne peux
« reprendre ce que tu m'envoies; ce n'était
« pas un prêt réel que je t'avais fait, mais ta
« première part des vols auxquels tu avais
« droit par ton agrégation à notre société.
« Je me garderai bien de t'enlever ce qui

« te marque à jamais de mon cachet indé-
« lébile. »

Charles froissa cette lettre insolente, avec autant de rage que de douleur, avant de la jeter au feu, qui tarda peu à la consumer; et lorsqu'il se fut calmé, il alla porter lui-même la somme dont l'aspect le couvrait de confusion au tronc de la paroisse voisine.

Il est des choses qui atteignent durement une ame; mais il est rare qu'une secousse, pour si violente qu'elle soit, change un caractère et le ramène vers des principes différens de ceux qu'il s'est donnés. Charles sentit, dans toute son amertume, le châtiment de son étourderie; il éprouva pendant plusieurs semaines une frayeur salutaire, provenant de l'incertitude où il était si ses anciens camarades de vice l'inculperaient ou non dans les interrogatoires qu'on leur ferait subir si on les arrêtait. Il lisait avec une attention extrême les gazettes, surtout aux environs du jour fatal, afin de voir si elles rendaient compte de l'événement tragique survenu dans la rue Ste.-Avoie : aucune n'en parla. Il est rare que la police signale d'elle-même les crimes commis, surtout lorsqu'elle ne met pas dès l'abord la main sur les coupables; et comme le nombre des malfaiteurs arrêtés est toujours minime en comparaison des attentats commis, le public n'est instruit que des faits arrivés directement à la connaissance des journalistes.

Le silence gardé sur celui-là servait à rassurer Charles, qui se traça néanmoins un nouveau plan de vie : on ne le rencontrait plus en aucun des lieux qu'il fréquentait naguères; il s'interdisait jusqu'aux spectacles; mais en revanche, ses condisciples s'étonnèrent de son assiduité aux cours de l'Ecole de Médecine et du Collége de France; ils remarquèrent aussi le refroidissement de l'amitié intime, perpétuée jusques alors, entre Eugène et lui. Le premier tenait sa parole : il évitait sans affectation de se rapprocher du second, et celui-ci était puni par cela seul, car l'estime des étudians était pleinement acquise à la conduite honorable d'Eugène.

Charles, de son côté, si celui-là paraissait ne plus vouloir frayer avec lui, se refusait aussi à se lier avec d'autres camarades ; il marchait seul, sombre, silencieux, ne provoquant plus à la joie, aux parties de plaisir, selon son usage; aussi fut-il décidé tout d'une voix qu'il devenait catholique, apostolique et romain.

L'épouvante qui le dévorait, l'humiliation, suite inévitable de ses fautes passées, le maintinrent pendant plusieurs semaines dans cette ligne nouvelle de conduite; la jolie Pauline elle-même avait de la peine à attirer son attention. Néanmoins elle était charmante; et sa flamme, selon la coutume, s'allumait à la froideur que son amant manifestait. Jusque là Pauline avait paru ne faire que céder à la poursuite de Charles; et maintenant c'était elle qui se plaçait sur son chemin; elle qui de sa fenêtre lui souriait avec le plus de tendresse, et qui ne manquait pas de l'avertir chaque fois que l'occasion se présentait de se retrouver ensemble.

De pareilles avances plaisaient à Charles; elles le relevaient un peu dans sa propre opinion; il n'y avait pas à craindre ici ce qui s'était présenté si malheureusement chez Ambroisine; les parens de la jeune fille, bien connus dans toutes les époques de leur vie, passaient pour d'honnêtes ouvriers, pauvres il est vrai, mais sans tache. Là où n'était pas de frère turbulent ou libertin, l'amour y aurait-il des épines envenimées? Charles, d'ailleurs avait besoin d'échapper à ses souvenirs, et retrouvant de la tranquillité par l'effet du temps et de l'isolement dans lequel il s'était placé, Charles, dis-je, crut pouvoir, sans inconvénient, se livrer encore à cette passion qui lui paraissait si douce et point en mesure de lui nuire jamais.

Il renoua donc avec plus de vivacité qu'auparavant ces liens que la candeur de Pauline présentait sous une forme si agréable. Bientôt ne s'attachant qu'à ce seul but, ne s'en laissant détourner par aucune autre intrigue, il en fit l'occupation unique de sa vie. Pauline, heureuse d'être aimée, s'abandonna de son côté à l'attrait d'une passion partagée avec tant de chaleur. Les rendez-vous se multiplièrent en plein air d'abord, puis dans une voiture discrète, sorte de boudoir commun à tous les habitans de Paris; ensuite, la jeune fille, enhardie en entraînée par ce délire, compagnon inséparable de l'amour, n'hésita pas à venir trouver Charles jusque dans sa chambre, et une telle démarche fut le signal de sa défaite et du bonheur complet de son amant.

Comme dès-lors Pauline se montra caressante, que sa vue inspira du charme à son amant, ils voulurent se voir, n'importe les difficultés que leur opposait la sévérité des parens de la jeune fille; des scènes pénibles s'ensuivirent; elles portèrent atteinte à la bonne réputation de Pauline, qui déjà s'en tourmentait peu; puis voilà qu'un jour, à l'heure que Charles attendait son amie, elle arrive, mais tremblante, ayant des larmes dans ses yeux et une sorte de sourire sur ses lèvres, triste enfin, et joyeuse à la fois. Elle courut à son amant, l'enlaça dans ses bras, cacha sa tête sur son sein; et là, d'une voix affaiblie, lui apprit son malheur....

— Que vais-je devenir, Charles? dit-elle ensuite; comment me sera-t-il possible de soutenir la colère de mes parens? Je ne t'en veux pas, néanmoins, mais songe que je vais bientôt te rendre père.

L'étudiant en médecine n'éprouva que du bonheur à cet aveu, et prodigua de plus vives caresses à la jeune fille et lui prouva victorieusement son amour.

— Oui, tu m'aimes, dit-elle, tu m'aimes, je n'en doute pas, et néanmoins que deviendrai-je? que dirai-je à ma mère, lorsque je ne pourrai plus lui cacher mon état? Encore si en lui révélant ma faute je pouvais lui certifier que tu la répareras!..

Ceci était difficile; Charles savait bien que sa famille ne lui accorderait jamais son consentement pour qu'il épousât une grisette parisienne; lui-même alors n'en avait aucune envie, et sur ce point il éluda toute explication; mais il chérissait Pauline; il voyait nombre de ses camarades en ménage, établis avec de jeunes filles, et goûtant, dans ce commerce illicite, des douceurs qu'une union légitime procure rarement. Il crut pouvoir faire comme eux et le proposa à Pauline. Elle, d'abord, rejeta loin une démarche qui la rangerait dans la classe des femmes perdues ; mais à mesure qu'elle avançait vers le terme fatal, sa retenue vertueuse s'affaiblissait; elle se sentait de jour en jour moins capable de soutenir l'indignation de sa mère, les scènes qui s'ensuivraient, et les chagrins qu'elle aurait à supporter. Charles la mena dans un appartement frais et bien meublé qu'il avait loué à une autre extrémité de Paris. Il avait de l'argent depuis qu'il s'était séparé de ceux qui le poussaient à des dépenses exagérées. Pauline trouva cette demeure si agréable, qu'elle accéda aux vœux de son amant. Tous les deux s'établirent sous un nom emprunté, et augmentèrent le nombre de ces ménages illicites si communs à Paris, où ils sont le fléau du mariage et la perte des bonnes mœurs.

Les deux amans se trouvèrent heureux : un établissement plaît au jeune âge. Ils aimaient à être pris pour deux mariés nouvellement unis; Pauline, surtout, trouvait tant de différence entre la maison paternelle et celle-là, qu'elle croyait avoir atteint au bonheur.

Trois ans s'écoulèrent ainsi. Deux enfans augmentèrent leur société, et furent des nœuds plus forts qui les attachèrent l'un à l'autre, et les cinq années des études de Charles furent complètes en même temps. Lui ne prévoyait pas ce qui pourrait s'ensuivre; le présent est tout, principalement pour les hommes qui ont le plus à redouter de l'avenir; on dirait que la prévoyance n'appartient qu'à ceux dont l'existence est clairement tracée, à tel point nous nous occupons peu de notre destin futur.

CHAPITRE XI.

Où conduit la mauvaise Compagnie.

L'honneur est comme une île escarpée et sans bords
On n'y peut plus rentrer dès qu'on en est dehors.

BOILEAU.

A mesure que Charles s'éloignait de l'époque fatale qui l'avait mis en rapport avec Ambroisine et son frère, il perdait la frayeur salutaire que lui inspira, dans le premier instant, le péril qu'il courait. La fortune le favorisa assez pour qu'il ne rencontrât aucun de ses anciens compagnons de débauche. Laurent, non plus, ne se présenta pas à lui. Sa sécurité revenue le rendit moins vigilant à surveiller sa conduite, et, sans rentrer complètement dans la voie à laquelle il avait échappé avec tant de bonheur, il fit de nouvelles connaissances dans le quartier qu'il habitait. C'était des hommes au-dessous de lui par leur éducation et leur position sociale. Il contractait insensiblement leurs habitudes, prenait leurs manières et, par conséquent, descendait de son rang naturel.

Pauline, simple ouvrière, avait pareillement des formes peu relevées, et son mari prétendu les prenait aussi. Sans s'en apercevoir, il s'accoutumait à cette vie indolente de Paris; il rétrécissait le cercle de ses idées, de ses espérances; il éteignait en lui la fierté provinciale, et s'avouait, sans trop en rougir, qu'il s'accoutumait à cette obscure position.

Le moment arriva, ai-je dit, où ses cours de médecine durent être achevés. Son père alors le rappela et fixa l'époque où il devait être de retour dans sa ville natale. Ce commandement l'arracha à sa vie sourde et molle. Il se demanda s'il pourrait obéir. Pauline était sa femme apparente, et les enfans qu'il en avait eus devenaient de plus en plus chers à son cœur; les abandonnerait-il ainsi que leur mère? car il savait que l'intention de ses parens était de l'établir auprès d'eux. Il n'avait pas songé, jusque-là, aux chances de l'avenir. Il vivait au jour le jour, selon la coutume de presque tous les hommes, sans s'inquiéter de ce qui n'est pas, et, comme eux encore, tout surpris lorsque ce qui arrive contrarie ce qu'on arrange en aveugle qui ne peut rien voir; sans, pour cela, s'empêcher de marcher au hasard et sans guide.

Charles, étourdi de cet ordre intimé, que tout aurait dû lui montrer comme inévitable, se consulta sur ce qu'il avait à faire. La pensée lui vint de résister, de s'établir à Paris, en cherchant à se former une clientèle. Mais, auparavant, il pensa qu'un voyage dans sa famille n'aurait aucun inconvénient, et qu'il valait mieux l'entreprendre que d'établir, dès le début, une lutte désagréable entre lui et son père. En conséquence, il se détermina à partir; ce ne fut pas sans avoir eu à supporter les alarmes de Pauline, ses inquiétudes, ses craintes, sans s'être lié avec elle par les plus forts sermens. Il parvint enfin à la tranquilliser, et lui ayant laissé une somme assez forte que son père lui avait envoyée pour payer ses créanciers, quoiqu'il n'en eût pas depuis long-temps, il se mit en route, et le lendemain arriva dans sa terre natale.

Il y fut accueilli avec affection. Il retrouva les amis de son enfance ; il revit avec transport les lieux qui avaient été témoins de ses premiers plaisirs, et son cœur comprit que Paris n'est pas le seul endroit où l'on peut passer agréablement sa vie. Il goûta avec non moins de charmes les avantages de la richesse : son père ayant vingt-cinq mille livres de rente était compté au nombre des puissans de l'endroit, et y jouissait de cette considération toujours accordée à la fortune, et qui est augmentée par la sévérité des mœurs. Charles avait oublié, dans ses folles actions à Paris, le rang qu'il pouvait tenir dans sa patrie. Il éprouva de l'orgueil des respects prodigués à son père. Il se vit lui-même l'objet des égards de la majeure partie de ses concitoyens, et lorsqu'il se rappela le peu de consistance qu'il avait à Paris, il s'avoua que le séjour de la province était préférable.

Il n'avait pas perdu sa légèreté naturelle; il plaisait par sa vivacité, ses reparties et cette illusion que les habitans de la capitale produisent toujours ailleurs. Admis dans les meilleures maisons de la ville, il put admirer la beauté de quelques jeunes personnes, aussi recommandables par l'importance de leurs familles que par leurs propres qualités. Il tarda peu à distinguer dans le nombre la fille d'un conseiller à la cour royale de P.... C'était une nymphe séduisante, aussi gracieuse que douce, aussi jolie que bien faite. Noble et riche, rien ne lui manquait de ce qu'on désire ici-bas. Charles s'étonna, en la voyant, que l'on eût hors Paris une tournure si élégante, une démarche si déliée, que l'esprit fin et délicat rehaussât tant d'attraits naturels.

Que Pauline était loin de mademoiselle Julie de Monval! que la grisette parisienne, avec ses habitudes communes, son langage trivial, ses idées mesquines et rétrécies, desendait au-dessous d'une fille bien née, vertueuse par caractère, parée en outre de ses charmes, d'une conduite irréprochable, et que la malignité en personne aurait eu honte de ternir! Qu'elle méritait les hommages de l'amour! qu'il serait doux de lui plaire, et mille fois plus heureux de la posséder! Cette pensée revint souvent au cœur de Charles, et, en même temps, il s'affligea en se rappelant ses fautes passées, cette créature qu'il avait séduite, ces enfans nés sous une funeste étoile, dont il était le père, et qu'il avait flétris par leur illégitimité. Comment pourrait-il les abandonner, les cacher, surtout à celle qu'il souhaitait épouser! Voudrait-elle d'un homme déjà perverti, et qui, à l'avance, avait disposé d'une partie de sa fortune à venir par la reconnaissance qu'il avait faite de ces deux enfans.

Ces réflexions chagrinèrent d'abord Charles, mais, par degré, il s'y accoutuma. Il ne possédait plus cette loyauté, fruit d'une vie exemplaire. La mauvaise compagnie, fréquentée pendant son séjour à Paris, avait, même à son insçu, perverti ses principes primitifs. Il s'accommodait d'une morale toute d'égoïsme, et qui fait passer avant tout l'intérêt personnel. Il calcula qu'une fois marié avec mademoiselle de Monval, il trouverait dans la dot de sa femme et dans son bien propre les moyens de fournir une existence aisée à ses deux enfans naturels; que Pauline se tiendrait contente au moyen d'une pension qu'il paierait exactement.

Ce point réglé, Charles ne balança plus à

manifester son désir d'obtenir la main de la beauté par excellence de P.... Il avoua ses sentimens à son père. Il ne pouvait dire rien qui plût davantage à celui-là; cette jeune personne était la bru qu'il aurait voulu avoir avant toutes, et dès que son fils eût parlé, il fit les démarches nécessaires pour arriver à obtenir le consentement de la famille de Monval. Il fallait y employer diverses influences; mais enfin Julie ayant laissé connaître que Charles ne lui déplaisait point, sa mère répondit favorablement à la proposition qui lui fut faite, et, de part et d'autre, il fut convenu que le mariage de Julie et de Charles aurait lieu dans le délai d'un mois.

C'était combler les vœux de Charles. Il aurait voulu moins de retard, attendu que la prolongation de son séjour en province inquiétait Pauline. Elle lui écrivait des lettres remplies de tristesse, de reproches, et dont le style commun était en harmonie avec l'orthographe et le caractère. Elle menaçait son mari de venir avec ses enfans le rejoindre, s'il tardait trop.

Ceci était un stimulant pour Charles, qui aurait voulu hâter le jour de son mariage. Un obstacle le recula encore, la maladie de sa future belle-mère. Il fallait qu'il engageât plus que jamais Pauline à prendre patience, et elle paraissait, au contraire, en avoir moins, et sur-tout se défier beaucoup de son mari.

Un matin, un des valets de la conciergerie de P... vient à la maison de M. Norbène, et demande à parler à Charles; on le conduit auprès de celui-ci, dont la confusion fut inexprimable lorsqu'il lui eut dit qu'un homme, arrêté pour vols commis dans la contrée, se réclamait de lui, et le priait de lui envoyer quelques secours en mémoire de leur ancienne amitié; c'est, ajouta le messager, un nommé Ernest. Ce nom, cette réclamation, accablèrent Charles à tel point, que la présence d'esprit lui manqua pour se sauver de cet incident pénible, en repoussant toute liaison avec un criminel. Il commit, au contraire, la faute complète d'avouer ce fait en remettant cinquante francs au valet, se flattant que le misérable Ernest ne tiendrait aucun mauvais propos sur son compte.

Charles se trompa dans son calcul; le voleur ayant reçu son cadeau, prit plaisir à raconter ses parties de débauche, son intimité avec le fils d'un des plus honorables citoyens de P... Il satisfaisait ainsi sa malice naturelle, et se vengeait en même temps de la mesquinerie, disait-il, de ce qu'il appelait une contribution forcée.

Les communications, en province, sont trop fréquentes pour que le moindre cas ne se répande pas dans une ville avec la rapidité de l'éclair. Les ennemis, les jaloux, les amis même s'empressent de propager l'imputation désagréable que chacun à l'envi commente et grossit de son mieux. Il y avait des familles qui voyaient avec peine le mariage que Charles allait contracter; aussi se hâtèrent-elles de faire circuler le dire du voleur. On en parla dans les meilleures maisons; on affirma que ce drôle prétendait avoir partagé avec Charles le produit de ses rapines. La calomnie s'accrut par toutes les bouches où elle passa, et lorsqu'elle parvint aux Norbène, elle avait fait déjà tant de progrès que la réputation de Charles était déjà très-entamée.

Son père cherchait à le défendre et lui prétendait n'avoir connu Ernest que chez un jeune homme, leur ami commun, et, toutefois, ne parlait qu'avec retenu de ce scélérat au souvenir du meurtre auquel il avait assisté involontairement, mais qui pourrait, si on venait à le poursuivre, l'evelopper, lui d'abord, dans les dégoûts, les incertitudes et la flétrissure inévitable d'un jugement public. Cette réserve aperçue nuisait encore plus à Charles. Ses parens le pressaient de faire une démarche éclatante qui le réhabilitât dans l'opinion de ses concitoyens; il hésitait, craignant pis encore, lorsque Ernest parvint à s'évader de la prison.

Cette fuite retomba sur Charles; les méchans prétendirent qu'il avait fait sauver le voleur, et l'on poussa si loin la malice que le juge d'instruction le fit appeler et l'interrogea. Ce fut un coup humiliant; déjà la famille de Monval manifestait de la répugnance à laisser s'effectuer le mariage convenu. Des délais dilatoires avaient lieu; une dernière pierre tomba sur Charles et le perdit sans ressource. Pauline, lasse de l'attendre, et redoutant de sa part une trahison, arriva soudainement avec son fils et sa fille, et s'annonça aussitôt comme la femme de Charles Norbène.

Oh! pour le coup, la clameur n'eut pas de borne; on sut bientôt la vérité, et que cette créature était la concubine et non la femme de Charles. Il n'en resta pas moins prouvé que celui-ci était un homme sans mœurs et de probité suspecte. Ses efforts, ceux des siens, ne changèrent pas ces dispositions hostiles, et les Monval déclarèrent que Julie ne serait pas mariée à un mauvais sujet. Charles eut à souffrir les propos, les épigrammes, les chansons. Il se battit deux fois, et, pour finir, dut abandonner sa patrie et reprendre le chemin de Paris avec Pauline, que ses parens lui firent épouser. Dès-lors sa carrière fut fermée et perdue sans retour. Pauline le rendit malheureux, devint infidèle et il fut la risée de tous ses alentours.

Un soir, deux hommes se présentèrent devant lui : il traversait le Pont-Royal; l'un était Ernest et l'autre Laurent. A leur aspect, un cri lui échappa.

— Je te fais peur, dit le dernier, tu as raison de frémir à mon approche. Ambroisine a cessé de vivre. L'existence m'est odieuse, mais tu souffriras avec moi. Je veux la moitié de ta fortune. Si tu me la refuses, Ernest, Céleste et moi t'accuserons d'avoir assassiné l'Anglais.

Charles écouta tranquillement, en apparence, cette demande audacieuse. Il jeta autour de lui un regard farouche, reconnut où il se trouvait, puis, s'adressant à Laurent :

— Tu veux ma fortune! eh bien! viens la

chercher où, dans l'intérêt de mes enfans, je vais la mettre à l'abri de ta rapacité.

Charles courut rapidement au parapet du pont, le franchit et se précipita dans la rivière..... Quand on le retira, il était mort. Ceux qui avaient provoqué cet acte de désespoir n'échappèrent pas à la justice des hommes, qui devança celle de Dieu.

DE LAMOTHE LANGON.

LE FATAL PREJUGE.

I.

La Retraite. — Le vent l'emporte.

Le canon tonnait aux portes de Bruxelles, encore chef-lieu du département de la Lys, et l'une des bonnes villes du grand empire. La Hollande était occupée par les troupes coalisées contre Napoléon ; le général français Maison allait cesser de pouvoir leur disputer l'ancienne Belgique; et le loyal Carnot défendait vaillamment Anvers, sans espoir de le conserver utilement : il savait déjà que le grand empire redeviendrait bientôt un modeste royaume.

Le gouverneur et les autres autorités impériales établies à Bruxelles songeaient à évacuer cette place, avant qu'un cercle ennemi, près de se former, ne l'environnât tout-à-fait. La garnison en armes se concentrait sur les places de Sainte-Gudule, de l'Hotel de-Ville et du Parc, retranchée derrière ses chariots pesamment chargés, que surmontaient des malades, des femmes, des enfans : bagage vivant que tout corps armé traîne à sa suite... On attendait l'ordre du départ, qui ne pouvait tarder; car à travers les vitres de l'hôtel habité par l'état-major général, on voyait circuler dans les appartemens une foule de domestiques, transportant à la hâte des malles, des valises, des paquets, des archives. Devant la porte attendaient plusieurs berlines attelées ; leurs reverbères étaient allumés ; les postillons, à la veste verte galonnée d'argent, vidaient le coup de l'étrier, renouvelé huit à dix fois. On entendait, sur divers points, défiler l'artillerie avec son retentissement de fer; tandis qu'au loin, les *qui vive!* réitérés prouvaient que des sentinelles avancées veillaient à l'extraordinaire, et que l'on craignait une surprise.

Derrière le Grand-Théâtre, dans une rue déserte, mal éclairée, un militaire et une dame marchaient avec précipitation : elle appuyée sur le bras de son conducteur, qui portait quelque chose d'assez volumineux. A quarante pas environ derrière eux, roulait doucement une calèche chargée pour un voyage.

— C'est ici, chère Léopoldine, dit l'officier en montrant une maison d'assez belle apparence; je vais frapper; attends-moi de l'autre côté du pavé.

— Mais es-tu bien sûr, cher Léon, qu'elle sera bien dans cette maison? pauvre petit ange, si elle allait souffrir! il vaudrait mieux que je l'emportasse.

— Y songes-tu? tendre amie, dans une retraite aussi précipitée, à travers un pays couvert de troupes, où je ne puis être à tes côtés!... Non, non, c'est impossible; d'ailleurs, j'ai pris les plus amples renseignemens sur cette famille hollandaise: ce sont les gens les plus bienfaisans de Bruxelles; ils auront grand soin de notre chère enfant, et puis j'ai mis leur servante dans nos intérêts; elle t'écrirait à Meiningen, sous ton nom d'Amélia, si quelque circonstance imprévue trompait nos espérances... Ainsi, sois sans inquiétude, ma Léopoldine, tout est prévu ; et dès que les circonstances le permettront, nous reprendrons le dépôt précieux que nous allons faire chez ces étrangers.

— Adieu donc, chère Léontine, dit l'inconnue d'une voix alterée, en écartant un voile de mousseline brodée, qui laissa voir, à la clarté vacillante d'un réverbère, les traits délicats d'une petite fille âgée de quinze jours au plus... Et d'abondantes larmes mouillèrent les langes de l'enfant.

— Hâtons-nous, Léopoldine, reprit vivement le militaire, il me semble que le canon se rapproche sensiblement ; au point du jour, la retraite te serait fermée.

La jeune dame se plaça dans l'enfoncement d'une porte, tandis que Léon sonnait à celle que nous avons signalée. Pendant l'instant d'attente qui suivit le rétentissement de la sonnette, notre officier couvrit, à son tour, de baisers le visage de la petite créature; il pleurait aussi... Qu'elle est douloureuse la mission d'un père qui livre son enfant à des soins étrangers, à des soins incertains! On vint ouvrir: c'était la servante mise dans les intérêts des amans.

— Dépêchez-vous, dit-elle en mauvais français mêlé de flamand, monsieur n'est pas couché; s'il venait, je ne pourrais arranger cette aventure à ma fantaisie........ Donnez vite, ajouta cette bonne fille... Chère *ame!* ça ne pese pas plus qu'un petit lapin...

— Au nom de Dieu, bonne Julie, ayez bien soin d'elle, votre fortune en dépend...

— Allez donc, monsieur, il n'est pas nécessaire de me dorer la pilule... Je suis une chrétienne charitable... la petite chatte sera ici comme le poisson dans l'eau... Mais j'entends la voix de monsieur; donnez et sauvez-vous... Ah! le papier sur lequel vous avez écrit les renseignemens convenus........

— Dans les plis du voile, répondit Léon en s'éloignant... Ce billet vous apprendra tout ce qu'il est indispensable que vous sachiez...

Le billet n'apprit rien à Julie, car il s'était échappé des contours de la mousseline; le vent l'emportait du coté opposé à celui vers lequel marchaient les amans fugitifs. La porte se referma... Léopoldine et Léon montèrent en voiture au bout de la rue, et gagnèrent rapidement le chemin de Louvain. Après avoir dépassé les portes, ils s'arrêtèrent; le moment d'une seconde séparation était venu. Hélas! celle-là devait être encore plus douloureuse que la première.

Nos jeunes gens n'étaient père et mère que depuis quinze jours; ils étaient amans depuis deux ans... Une première absence, pendant la désastreuse campagne de Russie, leur avait prouvé qu'ils s'aimaient véritablement, qu'ils s'aimaient à toujours : l'amour éphèmere des sens était passé, celui de l'ame lui succedait, et ce sentiment ne finit qu'avec la vie... Il fallait pourtant se quitter : qui pourra dignement retracer un tel instant ?

— Oh! mais nous nous reverrons bientôt, dit Léopoldine, qui n'avait pu desserrer encore l'anneau palpitant que ses deux bras formaient autour du cou de Léon.

— Oui, oui, Léopoldine, nous nous reverrons, répondit avec tristesse le jeune officier, si je continue à retirer encore mon enjeu de vie de cette sanglante partie qu'on appelle la guerre...

— Oh! mes prières seront si ferventes!.....

— Dans l'ordre de l'univers, qu'importe à l'Eternel qu'une balle frappe tel ou tel but...

— Léon, laisse-moi la foi... elle est si consolante !...

— Adieu, Léopoldine, adieu... Et le militaire se perdit dans l'obscurité.

Il retourna auprès du gouverneur de Bruxelles, dont il était le premier aide-de-camp, et partit cette nuit même avec lui. Le petit corps français que ce général commandait fit sa retraite en bon ordre sur Mons; mais au moment de se jeter dans cette place, après diverses contre-marches habiles, il fut attaqué par toute une division ennemie.

C'était le lendemain de la douloureuse séparation ; Léopoldine avait pris gîte dans une auberge sur le bord du Rhin, qu'elle devait passer le jour suivant pour se rendre à Dusseldorf... Elle ne dormait pas; la pendule sonna onze heures... Tout-à-coup, une voix lointaine, une voix douce comme l'accent temperé d'un cor, murmura dans la chambre, ou plutôt dans l'imagination de l'amante affligée.

— Adieu, Leopoldine, adieu pour jamais

dans la sphère des temps... puis la voix ajouta tristement : nous nous reverrons.....

Dans cet instant, Léon tombait, à trente lieues de là, frappé d'une balle qui lui avait traversé la cervelle.

II.

Qui suis-je ?

Dix-sept années étaient tombées dans l'océan des âges. Le sabre de la sainte-alliance avait façonné un état au roi hollandais Guillaume : état formé par l'amalgame indigeste d'un peuple industrieux qu'enrichit le sol de sa patrie, et d'une nation marchande, qui ne voit dans son pays qu'un immense entrepôt. Cette incompatibilité d'élémens, cette incohérence de principes devaient, tôt ou tard, amener infailliblement une explosion; elle venait d'être produite. Un brandon arraché du trône incendié de Charles X, et lancé chez les Belges, avait détruit le trône des Pays-Bas. Guillaume, repoussé par-delà l'Escaut, n'était plus qu'un stathouder couronné.

Parmi les promoteurs de cette liberté conquise à Paris, et portée à Bruxelles, haletante encore d'un premier triomphe, on citait Adolphe Imbert, jeune avocat tout bouillant de Catilinaires et de patriotisme. La Belgique affranchie lui devait des récompenses et des lauriers : modeste autant que brave, il les refusa ; mais l'amour ne tarda pas à lui offrir un cœur et une couronne de myrte : sa modestie fut vaincue. Notre brave Français, encore employé en qualité d'officier d'ordonnance du président belge, habitait militairement la maison d'un ancien armateur hollandais, retiré à Bruxelles depuis long-temps. Vous vous rappelez, lecteur, une rue déserte, une maison d'assez belle apparence; en vérité je ne dois plus qu'un nom à votre perspicacité : le batave se nommait donc Van Helmont.

Or, vous voyez bien que cette jeune personne blonde, aux yeux d'azur, à la taille élancée, qui se promène en ce moment dans le jardin avec M. Adolphe, n'est autre que l'enfant jeté, certain soir, dans cette maison par un couple fugitif. Mais reprenons les événemens de plus haut.

La fortune ne se montre pas prodigue de tous ses biens à la fois : en donnant beaucoup d'or à Van Helmont, elle lui avait réfusé un trésor plus précieux : des enfans qui semblent continuer notre vie, quand cette lampe, où l'huile est mesurée avec parcimonie, meurt, soufflée par le destin. Léontine, héritière tombée du giron de la Providence, fut recueillie avec joie par le négociant et sa femme; vierges d'affections paternelles, ils crurent aimer l'orpheline autant qu'ils eussent aimé leur propre fille; ils l'élevèrent avec tous les soins qu'ils auraient donnés à celle-ci. Hâtons nous d'ajouter que sa tendresse égalait la leur : elle aussi, pauvre délaissée, ignorait ce qu'entretient d'émotions spéciales cette fibre invisible qui correspond du cœur des enfans à celui d'où partit l'étincelle de leur existence. Le hasard heureux, ou, comme disent les fatalistes, l'arrêt favorable du sort qui avait envoyé Léontine à notre ménage hollandais, fit oublier à ces bonnes gens les droits de la nature : il y a tou-

jours un peu d'égoïsme dans le cœur
des hommes. Environ six mois après l'événement rapporté dans le chapitre précédent,
une dame simplement mise se présenta
chez Van Helmont pour réclamer, au nom
d'une mère qui voulait rester inconnue, l'enfant déposé autrefois, avec quelques renseignemens écrits, entre les bras d'une servante appelée Julie. Par malheur pour cette
réclamante, et peut-être pour la petite fille
réclamée, Julie ne se trouvait pas là; les
parens adoptifs purent mentir impunément;
et malgré le chagrin de l'étrangère, que ses
larmes trahirent, ils eurent l'affreux courage
de lui dire que cet enfant était mort trois
jours après le dépot. L'infortunée se retira
navrée de douleur.

Ainsi débarrassés d'une maternité qui
pouvait détruire leur félicité providentielle
M. et madame Van Helmont comblèrent

Léontine de bontés; ils lui donnèrent tous les maîtres que Bruxelles pouvait offrir, et rendirent ainsi infaillibles les séductions que les charmes de cette jeune personne devaient exercer. Imprudens! ils prêtaient des armes à ce moteur mystérieux (hasard ou destin) qui devait les punir un jour d'avoir transgressé si cruellement, pour le cœur d'une mère, la mission qu'il leur avait donnée.

Marchons rapidement à travers notre sujet: Adolphe Imbert adorait celle qu'on appelait Léontine, sur la foi d'un souvenir de Julie; car on se rappelle que le vent avait emporté le papier indicatif, comme pour démontrer qu'un souffle peut changer une destinée. Le jeune avocat était payé d'un tendre retour; mais il jouissait bien secrètement de son bonheur: Van Helmont haïssait ces Français qui, jadis, étaient venus conquérir son pays en patinant, et enlever la marine hollandaise avec un régiment d'hussards. Il ne leur pardonnait pas, surtout, d'avoir appris récemment aux Belges à *faire tomber l'orange de l'arbre de la liberté*.

Notre batave rancunier faisait politesse à M. Imbert, parce qu'il y était obligé; mais il le maudissait secrètement comme tous ses compatriotes, qu'il appelait les tourmenteurs jurés de l'Europe.

Cette disposition haineuse, que Léontine avait révélée à son amant, paraissait peu favorable au projet d'hymen qu'il nourrissait, et qui eût assuré leur félicité mutuelle.

L'orpheline sentait que rien ne pourrait vaincre l'éloignement de Van Helmont pour un Français, un *révolutionnaire :* vainement une perspective d'opulence et de gloire s'ouvrait-elle devant M. Imbert; né de parens riches et déjà compté parmi les célébrités du barreau français, il était dégradé de tous ses avantages, de toutes ses qualités, dans l'esprit de son hôte, et l'avenir se noircissait pour nos jeunes gens.

Un jour que Léontine pleurait dans sa chambre, Julie, qui l'aimait tendrement, vit couler ses larmes, et lui en demanda la cause. L'orpheline chérissait cette fille, dont les soins avaient été si utiles à son enfance. D'ailleurs la bonne servante était encore dans cet âge où, pouvant connaître l'amour, on compatit volontiers à ses peines : elle reçut la confidence entière de Léontine.

— Chère demoiselle, dit Julie après avoir entendu silencieusement ce récit, qui souvent avait fait couler ses larmes, consolez-vous, tout cela peut changer, et cela changerait même tout de suite sans le malheur qui m'est arrivé.

— Je ne vous comprends pas, Julie.

—Ah! maudite étourdie que je suis, continua la servante en se frappant le front; faut-il que je sois cause du malheur de cette chère enfant, moi qui donnerais ma vie pour elle !

— En vérité, je m'y perds...

— Je crois bien, vous ne pouvez pas savoir... c'est ce chien de papier... là, je vous le demande, que peut-il être devenu?... car il me l'avait bien donné, le cher homme; je l'ai senti sous la bavette de l'enfant... Et puis, zeste, le diable, oui le diable en personne me l'a enlevé... Ah! mon Dieu, mon Dieu! que de cierges j'ai brûlés dans une chapelle de Sainte-Gudule pour retrouver ce chiffon d'écrit, et rien... Je crois que j'en perdrai la tête, à présent que je vois le mal que cela vous cause...

— De grâce, ma chère Julie, s'écria Léontine en joignant les mains, donnez-moi le mot de cette énigme inexplicable.

Alors Julie finit par où elle aurait dû commencer : elle raconta à son élève comment un bel officier l'avait mise entre ses bras en 1814; comment certain petit papier, que nous savons, vous et moi, avoir été emporté par le vent, avait disparu tout-à-coup, et la laissait ainsi dans l'ignorance des renseignemens précieux qu'il contenait.

Quoi! chère bonne, je ne suis pas la fille de M. et madame Van Helmont?

— Eh! non, mademoiselle; je crois bien que vous êtes mieux que ça... chien de papier... Le bel officier m'avait expliqué cela verbalement la veille; mais je n'ai pas plus de mémoire qu'un lièvre : je ne me rappelle qu'un mot..... *Meiningen.*

— C'est le nom d'une principauté d'Allemagne... peut-être le pays de mon père, de ma mère... que sais-je?

— Il me semble plutôt que c'est le nom d'une personne.

— Quelle probabilité?... hélas ! je suis donc orpheline... élevée par charité!... Ah ! Julie, que M. Adolphe ne le sache pas, il ne m'aimerait plus.

— Laissez donc, l'amour se soucie bien d'un extrait de baptême...

— Vous avez donc aimé, Julie.

—Tiens, cette demande! à trente-cinq ans!.. est-ce que ces jolis démons de Français n'ont pas été partout du temps de leur grand empereur, qui avait mis de si beaux meubles dans notre château de Laken (1)? et ces lutins-là avaient toujours un petit amour dans leur sac, qu'ils, jetaient tout d'abord sur le tablier des jeunes filles... ça m'est arrivé comme aux au-

(1) Maison de plaisance royale près de Bruxelles; l'empereur y avait fait de grandes dépenses : Laken était château impérial.

tres.... Je n'oublierai jamais ce garçon-là...
un canonnier de la garde impériale : il arriva
le soir ici, par une pluie battante, mouillé
jusqu'aux os... je le fis sécher.

—Vous êtes si bonne ! Julie...

—Sans doute... Mademoiselle, c'est dommage qu'il y ait excès en tout : j'aurais dû
me borner à le bien nourrir et à le faire
sécher... mais ce cher garçon... il pouvait
s'enrhumer dans la chambre des soldats,
qui était froide.

— Ah ! mon Dieu, je devine ; Julie, c'était
bien mal...

— Je le sais, mademoiselle ; mais je n'en
peux pas vouloir à mon cher canonnier : il
m'a proposé de me faire un sort ; il n'a tenu
qu'à moi d'être cantinière... Revenons à vous.
A votre place, je dirais à M. Adolphe de me
demander en mariage ; et si nos Hollandais
refusaient leur consentement...

— Alors, Julie...

— Alors, mademoiselle Léontine, je m'en passerais; après tout, il n'ont aucun droit sur vous...

— Que dis-tu? et ceux de la reconnaissance!

— J'entends à merveille ; mais ne pouvez-vous, sans être ingrate, vouloir être heureuse?... le bonheur n'est pas de l'ingratitude.

— Non, Julie, mais une jeune personne bien née ne doit rechercher la félicité, vois-tu, que sous la direction de ses parens ou des bienfaiteurs qui lui en ont tenu lieu.

— Eh bien ! mademoiselle, voilà qui me semble fort mal arrangé, parce que, certainement, les gens âgés n'entendent rien au bonheur de la jeunesse... Par ainsi, je dirais un beau jour à M. et madame Van Helmont : « Vous n'aimez pas M. Adolphe, parce qu'il est

Français ; moi, je l'aime de tout mon cœur, parce qu'il est aimable, et mon goût doit être préféré au vôtre, attendu que c'est moi et non pas vous qu'il doit épouser...

— A la forme près, le moyen est bon, dit Imbert, qui se montra tout-à-coup, après avoir entendu ces derniers mots.

— Adolphe, êtes-vous là depuis long-temps? demanda Léontine avec précipitation.

—Non, ma belle amie; j'arrivais quand j'ai saisi au vol le conseil philosophique de Julie.

L'entretien continua entre les amans et leur confidente : la question du mariage y fut traitée à fond. Le lendemain, Imbert demanda la main de Léontine à M. et madame Van Helmont, qui la lui refusèrent durement, sans daigner justifier le moins du monde leur refus. Dans la soirée, le Hollandais apporta à son hôte un nouveau billet de logement qu'il s'était procuré, et lui signifia de quitter, le jour suivant, sa maison.

Adolphe fut indigné d'un procédé si brutal, opposé à une demande toute simple, faite par un homme honorable et riche. Les avocats parisiens ont beaucoup d'éloquence, surtout quand ils sont amoureux, et qu'ils cherchent à convaincre leur maîtresse. L'indignation de Léontine égala bientôt celle de son amant; les soins dont l'avaient comblée ses bienfaiteurs, pâlis par le reflet de leur conduite du matin, s'affaiblirent singulièrement dans le cœur de l'orpheline; l'égoïsme s'était révélé...... Un parti fut arrêté le soir même entre les jeunes gens.

III.

Un Rapt honnête.

On ne sait pas tout ce que les principes ont d'empire sur l'esprit d'une jeune fille bien née : les principes, êtres purement moraux, sons qui résonnent sans aucun retentissement sur nos organes sensuels; religion de l'ame à laquelle il faut des mortifications, des sacrifices, ainsi qu'aux croyances religieuses, et qu'on voit dégénérer aussi en fanatisme. Léontine en était presque là : madame Van Helmont, femme essentiellement lymphatique, créature organisée pour l'exercice aisé de la vertu, avait inculqué à son élève ses opinions, sévères jusqu'au rigorisme, sur les devoirs des demoiselles. Ce tissu de scrupules outrés n'avait jamais adhéré précisément au naturel d'une jeune personne douée d'autant de sensibilité que sa directrice en avait peu; mais il l'enveloppait, et laissait peu d'accès aux séductions. Nonobstant son éloquence, Adolphe eut beaucoup de peine à se faire jour à travers ce rempart intellectuel. Mais les puissances du barreau ont leur réserve de moyens, comme les généraux expérimentés leur réserve de combattans; il conclut en disant :

— J'aurais voulu, chère Léontine, épargner à votre cœur des vérités qui lui sembleront amères, si je ne puis vous décider à m'accorder la confiance que méritent mon amour et la droiture de mes vues. Mais j'aurais à me reprocher un silence coupable en taisant mes craintes sur votre avenir, devant lequel se groupent imprudemment trop de considérations secondaires. J'ignorais, hier encore, votre véritable situation ; Julie, qui, permettez-moi de le dire, la comprend mieux que vous, me l'a révélée....

— Quoi! malgré ma défense, répondit l'orpheline en rougissant, cette fille a osé vous apprendre....

— Réprimez, Léontine, un mouvement de vanité, qui, sans cette heureuse indiscrétion, pourrait vous égarer au point de faire notre malheur à tous deux. Je vais déchirer le voile : il est évident que M. et madame Van Helmont vous ont élevée pour amuser leurs loisirs, peut-être même, et ce serait plus funeste, pour adoucir, aux dépens de votre bonheur, l'aridité de leur vieillesse. Je ne hasarderais point une telle opinion sur l'autorité d'un simple soupçon, pas même sur des apparences à demi convaincantes. Je parle avec la conviction profonde qu'un fait matériel justifie. Si vos parens adoptifs eussent voulu sincèrement votre bonheur, ils auraient accueilli ma demande. Que prétendent-ils attendre qui vous convienne mieux que cette union ? Nous sommes liés d'avance par l'amour, ma réputation est honorable, ma fortune, déjà considérable, sera doublée un jour; que peut donc espérer la prétendue sollicitude de vos protecteurs? Léontine, croyez-moi, en me faisant entendre un dur refus, ces vieillards n'ont pu obéir à leur attachement pour vous : une arrière-pensée d'égoïsme les a déterminés. Ils veulent disposer de vous à leur profit, non au vôtre, et la preuve ressort, complète et irrécusable, du motif seul dont ils cherchent à colorer leur opposition : ma qualité de Français. En effet, la mesure de leur tendresse est là : aime-t-on ceux qu'on sacrifie à une vaine prévention, à une chimère sans consistance, sans cause personnelle? Et lorsqu'ils m'ont repoussé froidement, brutalement, moi qui vous adore, moi que vous aimez, Léontine, répondez, que vous reste-t-il à attendre d'eux?

— Je ne sais plus que vous répondre, cher Adolphe; car la vérité semble parler par votre bouche, et ce que vous me dites là, je l'aurais reconnu depuis long-temps, si j'avais osé le soupçonner... Mais quitter la maison de M. Van Helmont! fuir avec un jeune homme, comme vous me le proposez!.....
Hélas! si l'on peut blâmer maintenant la

conduite de mes bienfaiteurs, moi partie, tous les torts sembleront être de mon côté : l'apparence sera là, et vous savez que la calomnie en fait tout ce qu'elle veut....

— Qu'importe l'apparence, lorsqu'en réalité l'on n'a rien à se reprocher.... Je jure, par notre amour, de ne pas vous demander même un baiser avant d'avoir reçu votre main au pied des autels... Léontine, n'hésitez plus à suivre votre époux. Dites un mot, et demain au soir, nous partons. J'ai tout prévu : je puis quitter Bruxelles quand je le voudrai ; dans trois jours, vous serez sous la protection de ma mère; et celle-là vous chérira comme une fille, non comme un carlin qu'on veut garder auprès de soi, parce qu'il amuse.

Que pouvait objecter encore l'orpheline? la confiance, l'amour, la raison même lui conseillaient de suivre son amant, et d'échapper, par un mariage qui pouvait ne plus se retrouver, à la destinée précaire qu'elle tenait du couple hollandais, dont les intentions sur son avenir étaient au moins suspectes. Léontine laissa tomber sa main dans celle d'Adolphe, en disant.

— Je m'abandonne à mon époux : je lui confie ma vertu; c'est son bien; il ne le profanera pas...

— Non, ma Léontine; on jouit mal du bien qu'on a ravi; je ne veux devenir riche que par vos dons.

— Ah! je ne demande pas mieux que d'être bientôt généreuse...

M. Imbert n'attendit pas au lendemain pour quitter la maison de l'armateur.

— Je pourrais dormir tard, lui dit-il, avec un sourire amer, et je dois seconder, en homme poli, le désir que vous avez de m'éloigner...

— Vous sentez, monsieur, répondit l'antagoniste des français, qu'après la demande que vous avez faite, et qui ne peut nous convenir...

— Sans doute, monsieur, et comme cette demande vous déplaisait, il importait peu qu'elle convînt à Léontine...

— Il ne s'agit pas de son goût, mais du nôtre. Ah! parbleu! s'il fallait, en pareille affaire, suivre les inclinations des jeunes filles, quels mariages verrait-on, bon Dieu!

— Je vais vous le dire, monsieur Van Helmont: on verrait tous les jeunes gens honnêtes respecter les nœuds de leur choix, parce qu'il est beaucoup plus naturel, quoi qu'on dise, de rester fidèle à ses sympathies que d'imposer à ses aversions les soins, surtout la constance que l'amour seul accorde volontiers.

« L'amour est éphèmère, dira-t-on; et dès

qu'il a cessé, les sens cherchent, hors du mariage, une compensation des plaisirs évanouis dans son sein. Les passions refroidies au lit de l'hymen courent moissonner ailleurs des fleurs, pour remplacer celles désormais flétries et tombées qui couvraient sa chaine pesante. » En admettant ceci dans toute sa rigueur, par quel absurde raisonnement prétend-on prévenir l'inconstance en unissant des êtres prédestinés à se haïr ? autant vaudrait-il dire à qui recherche une boisson delicieuse, buvez du fiel. Allez, allez, monsieur, la nature se montre plus sage dans ses élans que les hommes dans leurs étroites spéculations. Sans doute le dégoût peut naître d'une félicité ardemment désirée ; mais l'homme et la femme qui se respectent restent unis par devoir, car le mépris public venge l'oubli des obligations qu'on a librement acceptées;

tandis que les époux enchaînés par violence brisent, et peuvent briser impunément, pour se fuir, jusqu'aux liens de l'honneur. Où donc se refugient les avantages qu'on a cru assurer en formant les mariages appelés de convenance ? Sera-ce la fortune toute seule qui les donnera ? Voyons. Le mari opulent, la femme richement dotée, s'étourdiront, à force de distractions, sur les antipathies du ménage ; l'or leur procurera partout des séductions ; il leur ouvrira, il embellira pour eux tous les repaires du vice. Le mari fera des danseuses en renom autant de Danaés ; la femme ranimera, par des présens, la flamme languissante de ses amans. L'un et l'autre se ruineront à l'envi ; le désordre intérieur amènera la discorde : les querelles, les sévices, la gêne arriveront tout à la fois ; puis une ruine absolue achevera de rompre, avec éclat, un lien formé de sordides intérêts, et qui devait se briser dès qu'il n'y aurait plus rien. Voilà, monsieur, poursuivit Adolphe en prenant son chapeau, voilà comment, le plus souvent, tournent les mariages que les parens, oublieux des passions qu'ils ont éprouvées jadis, forment avec *les convenances*, dans un âge où ils ne savent plus être que calculateurs. Puisse le Ciel sauver Léontine des conséquences d'une sollicitude ainsi inspirée... Je vous salue, monsieur.

M. Imbert sortit sans attendre la réponse du vieux Hollandais.

Dans la journée suivante, tout fut disposé pour le départ projeté : dès que la nuit serait venue, une voiture legère devait emporter nos amans ; les postillons seraient généreusement payés, et lorsque l'on croirait Léontine retirée dans sa chambre, où brûlerait une lumière trompeuse, elle roulerait rapidement vers la France, vers le bonheur.

Léontine passa la journée à écrire à ses bienfaiteurs; vingt fois elle recommença et déchira sa lettre: l'aveu qu'elle devait y renfermer était si délicat! Sans doute l'opinion, éclairée avec impartialité sur les véritables motifs de sa fuite, et mieux informée qu'elle n'allait l'être des vues honorables d'Adolphe, l'opinion ne condamnerait point l'orpheline. Mais M. et madame Van Helmont tairaient la vérité: le fait matériel de la disparition serait laissé dans toute sa laideur : ils ne montreraient au public que Léontine égarée par un fol amour, Léontine ingrate, abandonnant ceux qui l'avaient élevée. Voici l'écrit qu'elle traça, après une longue hésitation: la concience des vieillards, si elle n'était pas étouffée par un aveugle ressentiment, ne pouvait repousser entièrement la **justification de l'orpheline.**

« Mes respectables bienfaiteurs, je vous
« dois tout, excepté la vie; si j'avais été votre
« fille, rien n'aurait pu excuser le parti
« que je prends aujourd'hui, et certai-
« nement je ne l'aurais pas pris. Mais élève
« de votre charité, j'ai détourné de leur
« cours naturel des bienfaits qui devaient
« profiter à vos parens; informée d'aujour-
« d'hui seulement que je suis une pauvre
« orpheline, sans autre titre à votre com-
« misération que les bontés dont vous
« m'avez comblée depuis mon enfance, je
« dois, en m'éloignant de votre maison,
« rendre à la nature tous ses droits, que
« j'usurpais.

« Mon départ vous contrariera peut-être;
« vous avez tant fait pour moi que j'avais
« dû m'efforcer de mériter une sollicitude
« qui ne m'était pas due; mais si vous dai-
« gnez réfléchir que je ne pouvais rester

« chez vous sans exciter les craintes de vos
« veux, que ma présence et vos bienfaits
« offusquaient ; si vous considérez qu'Adol-
« phe, en me donnant un nom, remplit
« une lacune dont la honte s'était emparée;
« enfin si, jugeant digne de quelque intérêt
« la vie que vous m'avez conservée, vous
« appréciez la nécessité où j'étais de lui prê-
« ter un appui honorable, oh ! ces di-
« verses considérations vous porteront à
« me pardonner; car l'amour, en ajoutant
« peut-être à leur poids, n'a cessé d'être d'ac-
« cord ni avec la sagesse ni avec la raison.
« Mon honneur est en sûreté auprès d'un
« homme tel que M. Imbert : vous-mêmes
« en conviendrez secrètement, j'en suis sûre,
« car la prévention qui vous éloigne de
« lui, comme de tous ses compatriotes, ne
« va pas jusqu'à nier les excellentes qualités
« de son cœur.

« Pure de toute intention coupable, je

« ne veux point me cacher; madame Im-
« bert, mère d'Adolphe et bientôt la mien-
« ne, m'ouvre sa maison; ah! qu'il me serait
« doux d'y recevoir l'assurance que vous
« aimez toujours la pauvre Léontine.

« Mais quelles que soient vos opinions sur
« ma conduite, avec quelque sévérité que
« votre colère l'ait interprétée, si mes soins
« vous devenaient utiles un seul instant,
« je revolerais à Bruxelles, je subirais les
« plus rigoureux traitemens, pour vous
« prouver que personne au monde ne vous
« aime et ne vous respecte plus que

« votre Léontine. »

Julie, à qui la leçon était faite, quoiqu'elle
dût paraître tout ignorer, Julie, tout ino-
dée de ces larmes que les dames versent,
dit-on, à volonté, apporta la lettre de Léontine à ses maîtres, vers dix heures du matin.
Les amans devaient être alors à trente lieues

de Bruxelles. M. et madame Van Helmont, assis devant un guéridon, faisaient, suivant une habitude de quarante ans, un petit déjeuner prologue composé de trois tasses de thé et d'un petit pain au beurre (1).

Oh! oh! dit le flegmatique Hollandais après avoir lu la lettre de Léontine, tenez, madame, lisez, ajouta-t-il en passant le papier à sa femme... Puis il acheva d'avaler méthodiquement sa tasse de thé.

— Hé! hé! dit à son tour notre Hollandaise, qui tenait sa soucoupe en arrêt à six pouces de sa bouche... on voit bien qu'il y a du sang français dans cette petite.

— Précisément, je trouvais qu'il y en avait assez comme cela chez moi, reprit Van

(1) Au moment où nos voisins les Belges contrefaisaient toutes nos nouveautés littéraires en crédit, nous avons voulu leur opposer l'importante contrefaçon de leurs petits pains de Bruxelles; mais nous avons échoué dans cette grande réciprocité : c'était cependant une belle vengeance!

Helmont en épanchant la théière dans sa tasse, et c'est pour cela que je n'ai pas consenti au mariage...

— C'est dommage, la petite était aimable ; elle m'amusait quand vous alliez le soir vider vos trois pipes et votre vidercome d'alambic à l'estaminet du Parc.

— Ah! vous, ma femme, vous avez toujours penché pour les Français; et moi, si je leur en veux tant, ce n'est pas parce qu'ils m'ont pris en 1794 cinq cents tonnes de fromage.

— Allons, encore votre ressentiment de trente-sept ans... que vous ont ils donc pris encore?...

— Rien, rien, ma femme, répondit Van Helmont en étendant du beurre sur sa mufine... le reste, je crois qu'on le leur a donné, et ce jeune chef de brigade...

— Julie de l'eau chaude, interrompit la Hollandaise...

— Enfin, disait Van Helmont quand la servante, qui s'était hâtée, rentra dans la chambre, Léontine est partie, que Dieu la conduise!...

— C'était bien la peine que la chère enfant s'y reprît à tant de fois pour écrire sa lettre d'adieu ! murmura Julie pour elle seule... Hum ! chiens de Hollandais, ils ont l'ame sèche comme leurs harengs fumés.

— Ah! Julie, à propos, reprit l'armateur comme par ressouvenir, je vous chasse de ma maison...

— Mais, monsieur....

— Julie, je vous ai chassée...

— Pas possible; moi, qui vous sers si fidèlement depuis vingt ans....

— C'est pour cela que vous devriez avoir contracté l'habitude d'être fidèle... je vous dois un mois... En voilà six... Allez.

— Des grâces! je n'en veux point, répondit la bonne fille en écartant de son compte, fait sur un coin du guéridon, tout l'argent qui ne lui revenait pas... Est-ce qu'on donne une gratification à ceux que l'on chasse ?... Bonjour, madame et monsieur.

— Bonjour, répondit le couple impassible. L'excellente Flamande sortit en pleurant.... Julie n'avait pas, elle, humé les brumes du Zuiderzée.

— Ce renvoi, seulement, faisait reconnaître que le ménage hollandais était mécontent du départ de Léontine ; car aucune agitation n'avait paru ni dans le mari, ni dans la femme : leurs traits étaient restés calmes, leurs paroles lentement accentuées ; et, certainement, la digestion qu'ils firent en attendant un second déjeuner ne dut pas être ralentie d'un instant.

IV.

Le village fatal. — Victime vengée.

Qu'il est difficile de compter avec la destinée! On pouvait croire le couple fugitif à trente lieues de Bruxelles, au moment où Julie remettait la lettre de Léontine à M. Van Helmont : il n'en était pas ainsi.

Vers sept heures du matin, le postillon, altéré comme tous les postillons du monde, arrêta ses chevaux à l'entrée d'un gros bourg voisin de Mons.

— Je vais descendre un instant, dit Adolphe; j'ai soif aussi.... non pas à la manière de notre postillon qui, sans doute, se désaltère avec de l'eau-de-vie ; mais un peu de bierre me fera plaisir. Ne désirez-vous rien, chère amie?

— Rien, mon ami, et vous-même, pourquoi descendre? on apporterait à la voiture ce que vous désirez...

— Un peu d'exercice me dégourdira les jambes; je reviens à l'instant... Un baiser, Léontine...

— Les formalités d'un adieu pour une absence de trois minutes, dit l'orpheline en riant.... Messieurs, il faut convenir que votre amour est un grand spéculateur.

— Et, comme tous les négocians, il aime à gagner, répliqua M. Imbert en sautant à terre...

Il entra dans une auberge à droite de la route.

Pendant l'absence de son amant, Léontine prêta l'oreille à la conversation de deux vieillards, anciens militaires, à en juger par l'apparence; selon la coutume de tous ceux qui ont servi long-temps, ils parlaient de guerre.

— Oui, mon cher Jacques, disait l'un d'eux, à l'endroit même où nous voilà : les Autrichiens occupaient ce village quand la garnison de Bruxelles, qui battait en retraite, déboucha tout d'un coup du petit bois que nous avons à notre gauche... Il était bien onze heures du soir, en hiver; un clair de lune superbe..., Le général français marchait en tête de sa petite colonne avec son aide-de-camp, le commandant Léon Dorval... un brave officier supérieur, morbleu ! je l'avais vu trompette au cinquième hussard... Il y avait l'étoffe d'un maréchal d'empire dans ce garçon-là... Eh bien ! Jacques, le premier coup de feu a été pour lui... Un chien de Tyrolien embusqué vous l'a descendu à deux cents pas.... Une balle au milieu du front... On l'a porté à l'auberge que tu vois sur notre droite, où cette calèche est arrêtée... Mais il a été bien vengé, mille baïonnettes ! nous sommes entrés dans les rangs autrichiens comme un couteau dans du fromage mou.... Fallait voir ces Philistins.... lardés, mon ami, ni plus ni moins que des fricandeaux.

— Tu étais donc là, Philippe? demanda l'auditeur.

— Si bien, mon pauvre Jacques, que j'ai perdu le bras gauche dans cette escarmouche..... C'est ce qui fait que je suis resté ici après le tremblement : je n'ai pas voulu quitter le bras qui m'avait servi avec zèle pendant vingt-cinq ans... Il est là, sous le gazon; moi je me promène encore par-ci par-là, mangeant ma pension de deux cents francs à moi tout seul..... Dans quelque temps, nous nous rejoindrons.—Un attrait inconnu, ce genre d'intérêt qu'on ne saurait s'expliquer, captivait l'attention de Léontine pendant le discours du vieillard... Ses yeux s'étaient mouillés au récit de la mort du brave commandant... Pourquoi pleurer celui-là ?... A cette sanglante époque, il en tombait tant !... Voilà, voilà une de ces causes qui se cahent dans le sein mystérieux de la Providence : Léon Dorval, c'était le père de Léontine, mort en 1814 sur le pavé même où piaffaient les chevaux impatiens de sa fille, et dont le dernier soupir, avertissement étrange, avait murmuré au bord du Rhin, à l'oreille de la tendre Léopoldine.

L'entretien des deux vétérans avait, par une puissante diversion, fait oublier à Léontine que l'absence d'Adolphe se prolongeait. Enfin, elle le vit sortir vivement de l'auberge; mais il ne revint point à la calèche, se contentant de faire à son amante un signe de main, accompagné d'un sourire qui n'était pas sans tristesse.... Puis, M. Imbert passa derrière la maison, où quelques autres personnes le suivirent rapidement.

L'orpheline n'avait pas eu le temps de former une conjecture, lorsque Adolphe reparut... Il reparut, mais porté par deux hommes, et couvert de sang...... Il était mort.

Léontine se précipite de la calèche... Elle s'élance sur le corps de son amant; mais ce n'est plus un être : il n'y a plus là qu'un objet sans mouvement et bientôt sans chaleur... Un voile s'étend sur la vue de Léontine ; ses dents se serrent, ses bras se tordent ; elle tombe en arrière de toute sa hauteur... La tête de l'orpheline s'est entr'ouverte sur le pavé ; un torrent de sang se fait jour à travers sa chevelure blonde et parfumée... ce sang inonde peut-être la place même où coula celui de son père... Ah ! quelle trame de fatalités s'étend donc sur la vie de notre pauvre héroïne !

Cependant, on avait relevé Léontine ; transportée dans l'auberge, elle y reçut tous les soins que son état exigeait, mais ils furent long-temps infructueux. La double catastrophe qui venait d'atteindre l'infortunée ne laissait au médecin, venu de Mons, qu'un faible espoir de la sauver, tant les symptômes se compliquaient.

Tandis qu'il tentait une guérison si douteuse, vingt groupes, formés dans la rue unique du bourg, se racontaient l'aventure sinistre qui venait d'arriver. En voici les détails:

Adolphe, debout devant une table, buvait, à petites gorgées, la demi-canette de bierre qu'on lui avait servie. Derrière lui, des hommes, assez bien couverts, discouraient sur les affaires du temps. Il prêtait peu d'attention à leur bavardage politique; mais bientôt il devint évident que les discoureurs tendaient à le piquer. Il n'accueillit d'abord que par un sourire de mépris les épithètes offensantes que ces Belges, orangistes intrépides, attachaient au titre de Français. Ils n'en devinrent que plus insolens : l'un d'eux, surtout, traînait dans la fange ce qu'il appelait les va-nu-pieds de juillet, venus à Bruxelles, disait-il, pour compléter le lot de butin commencé au pillage de Paris.

Imbert tressaillit à ces derniers mots....
Le sang qui bouillait dans ses veines, était

près d'en briser les parois..... Nul doute qu'il n'eût été reconnu, et que l'intention de ses voisins ne fût de l'insulter personnellement. Adolphe, amant de Léontine avant tout, sentant que sa patience pouvait se lasser, fit un mouvement pour sortir.

— Tenez, tenez, s'écria l'orateur orangiste qui devina la pensée du Français, les voilà ces héros de carrefour, ces Achille d'égout, braves et résolus quand ils sont cent contre un, se sauvant comme des lièvres quand ils trouveraient à qui parler.

Adolphe s'arrêta tout court; un pas de plus l'eût déshonoré : il le croyait, du moins, le bon jeune homme, bercé qu'il était par nos vains préjugés sur le point d'honneur. Plus de prudence, plus de ménagemens possibles.... L'homme sage, le jeune philosophe avait disparu; la fureur remplaçait l'amour... Léontine était oubliée.

— Nous ne savons, prétendez-vous, être braves et résolus que lorsque nous sommes cent contre un, dit le jeune avocat avec un calme péniblement obtenu, en marchant droit à son antagoniste; à ce compte, je vais transgresser le plan de prudence des Achille d'égout, car je suis ici seul contre cinq... puis, se reculant d'un pas, Imbert leva la main et laissa tomber sur la joue du Belge un soufflet qui le renversa à terre, et fit jaillir le sang de son nez. — Relève-toi, misérable, reprit Adolphe en saisissant deux épées appendues à la muraille, et marchons.

— Vous avez joué de malheur, répondit un des orangistes, monsieur est la première lame des Pays-Bas.

— J'aurais dû m'en douter; les lâches n'insultent les braves gens que lorsqu'ils se croient sûrs de les assassiner sans danger...

— Jeune homme, dit l'orangiste souffleté,

après avoir avalé un grand verre de genièvre, vous avez la main diablement lourde; je vais vous traiter plus poliment... Une petite boutonnière au sein gauche... une simple piqûre de sangsue, pas davantage... ça suffira, je vous l'assure, ajouta-t-il avec un sourire sinistre.

— Moins de jactance, répliqua l'amant de Léontine, le courage d'un honnête homme peut mettre en défaut l'adresse d'un assassin

Le spadassin ne répondit point; on sortit. Arrivé dans le jardin, sous une voûte de verdure formée par quelques arbres fruitiers, Adolphe jeta son habit, prit pour témoins deux des quatre orangistes présens, et se mit en garde... Hélas! son adversaire n'y fut que trop tôt : après un petit nombre de passes Imbert tomba mortellement frappé.

— Messieurs, dit froidement le spadassin

en voyant notre jeune avocat se tordre sur le gazon, c'est le trentième...

— Ce sera le dernier, répondit d'une voix tonnante un grand homme aux cheveux grisonnans, qui parut une bêche à la main. Puis, arrachant l'épée d'Adolphe de sa main contractée, il dit au meurtrier : Allons, monsieur, à l'œuvre.

— Mais, brave homme, balbutia le duelliste en ricanant, je ne vous connais pas; pourquoi vous tuerai-je?

— Je vais me faire connaître.. : Rigard, ancien premier maître d'armes du deuxième régiment de grenadiers de la garde impériale.

— Alors, confrère, votre supériorité, répliqua l'orangiste en soupirant...

— Misérable! le brave jeune homme que tu viens de tuer a-t-il reculé devant la tienne... D'ailleurs, j'ai soixante ans, et tu n'en as que trente... Allons, en garde, ou je te coupe la figure avec cette épée.

Les fers se croisèrent, et le meurtrier d'Adolphe se roula presque aussitôt sur le gazon rougissant. Le vieux maître d'armes jeta son arme, reprit sa bêche, puis retourna paisiblement au travail qu'il avait interrompu.

En ce moment, l'horloge du village sonna un quart; il s'était écoulé juste quinze minutes depuis le baiser que notre pauvre Adolphe avait donné à Léontine en la quittant... Tel est, à toutes les heures de la vie, le bref espace qui sépare la joie, le bonheur, les délices ineffables que n'obscurcissent pas le moindre nuage, de la douleur, du désespoir que rien au monde ne peut adoucir... Félicitez-vous donc, mortels comblés des faveurs du sort: voilà sa constance.

V.

La Protectrice. — Le Voyage. — Singulière Philantropie.

Trois semaines avaient passé sur le funeste événement rapporté dans le précédent chapitre ; Léontine, après avoir vu sa tombe entr'ouverte, s'était rétablie plus vite qu'on n'eût osé l'espérer. La jeunesse, ce véhicule de vie si puissant, succombe rarement aux plus grands chagrins : trop de ressorts réagissent contre eux dans ce mécanisme d'organes tout neufs. Mais que l'ame de notre orpheline était affectée! Combien de sombres pensées s'élaboraient dans son imagination, dans son cœur, où l'amour en deuil avait détendu les fibres de l'espérance et des chastes désirs!

Léontine ne connaissait point ses parens; elle s'était éloignée des bienfaiteurs qui lui en avaient tenu lieu, pour suivre un amant, un époux; et la destinée, vengeresse peut-être, avait renversé ce dernier appui de sa vie... Que devenir ? Retourner à Bruxelles? Jamais... Léontine pourrait supporter la honte d'un retour chez les Van Helmont, subir toute la sévérité de leur ressentiment; mais ces vieillards, irascibles dans leur apparente impassibilité, avaient appris sans doute une catastrophe rapportée par tous les journaux belges sans aucune réticence; ils étaient informés, et leur élève, qu'ils savaient abandonnée et malade à quelques lieues de Bruxelles, n'avait pas excité leur compassion.

L'orpheline ne retournera point à Bruxelles..... Elle n'ira pas frapper à la porte qu'on repousserait sur elle : cet effort d'abjection, une ame élevée ne saurait l'accomplir.

Léontine est décidée à continuer sa route vers Paris, à courir se jeter aux genoux de madame Imbert..... Son fils la peignait si bonne... Mais l'orpheline, en la jugeant à travers les préventions qu'une vive douleur peut faire naître dans l'esprit d'une mère, l'orpheline est la première cause du meurtre d'Adolphe. Madame Imbert verra avec peine, peut-être avec horreur, la pauvre enfant, coupable seulement d'avoir été aimée. Si Léontine est repoussée par cette dame, que deviendra-t-elle, jetée dans une ville comme Paris, où mille piéges sont ouverts sur les pas d'une jeune fille, mille précipices cachés sous une couche légère de fleurs.

« Mais, se disait-elle, la vertu, même au milieu de ces dangers, peut demeurer forte; pour elle, le vice est sans attraits, et l'innocence n'a rien à redouter là où le cœur ne saurait être séduit. » Erreur candide, sécurité dangereuse d'une fille honnête! Qu'elle était loin, la naïve créature, de connaître ce monde aux souples allures qui sait affecter toutes les formes, revêtir toutes les couleurs pour séduire, égarer, fasciner ce sexe dont la faiblesse est toujours un peu complice de ses subtils dominateurs! Léontine s'arrêta au projet de poursuivre sa route, dès que ses forces le lui permettraient.

Car on ne connaît pas encore tout son

malheur; il fallait qu'elle marchât à pied : un voyage moins pénible n'était plus en son pouvoir. Peu d'instans après l'événement tragique, le postillon, croyant les deux voyageurs morts, et pensant que son relais leur était inutile pour le voyage qu'ils allaient commencer, détela ses chevaux, sauta dessus, et retourna chez son maître de poste, en sifflant avec tout le flegme que peut entretenir une boisson composée d'orge et de houblon. La calèche, environnée d'une foule curieuse, fut-elle l'objet d'une investigation plus approfondie, ou le conducteur voulut-il se payer largement de ses guides ? On ne l'a pas su précisément ; mais lorsque, vers la fin du jour, on remisa cette voiture, elle se trouvait allégée de tout ce que les malles renfermaient de précieux. Il n'y restait que quelques habits et du linge, objets d'une faible valeur, que les larrons avaient dédaignés.

Léontine fut peu sensible à cette perte: son cœur, rempli par le douloureux sentiment d'une perte plus grande, ne pouvait regretter quelques parcelles de richesses. Mais bientôt diverses circonstances vinrent lui rappeler que les sensations les plus nobles doivent, en certaines occasions, redescendre jusqu'aux intérêts vulgaires. Dès qu'elle put se lever, elle se fit conduire au cimetière et montrer la fosse d'Adolphe. Déjà l'herbe, mêlée de quelques fleurs des champs, poussait sur cette dépouille chérie : végétation hative, alimentée par la dégradation d'un être naguère animé ! Encore quelques jours, et l'œil même d'une amante ne pourrait plus reconnaître la place où reposait celui qu'elle devait pleurer toute sa vie.... Le gazon s'étendrait, couverture verdoyante, sur ce lit commun où dormait éternellement une population,

Léontine ne put supporter cette idée: elle dessina de sa main un petit monument qu'on exécuta en pierre, et sur lequel on grava seulement: *il l'attend.* Le tombeau terminé, il fallut songer à le payer. L'orpheline n'avait vu d'abord son projet que sous l'aspect poétique : la réalité vulgaire, c'était un mémoire de deux cents francs, qu'un maçon de Mons présenta. Léontine ne possédait, pour tout avoir, que la calèche d'Adolphe, héritage que personne sans doute ne viendrait lui disputer. Les voitures de Bruxelles sont recherchées : leur élégance, leur légèreté, portées très-loin par notre compatriote Simon, émigré spéculateur, leur donnent un prix d'affection qu'elles ne justifient pas toujours à l'usé. Léontine vendit sa calèche huit cents francs : c'était juste le tiers de ce quelle avait coûté, et notre jeune héroïne dut se féliciter, car on ne pouvait ignorer qu'elle vendait par besoin.

Le monument, l'aubergiste, le médecin et l'apothicaire payés, il ne resta à Léontine que cent écus, et la pauvre enfant ignorait le sort qui l'attendait à Paris. Décidée par une économie impérieuse à s'y rendre à pied, elle réunit le peu d'effets que les voleurs lui avaient laissés dans une petite malle, qu'elle chargea sur une diligence, après avoir réservé un peu de linge pour sa route.

Un soir, l'orpheline s'était couchée de bonne heure, car elle devait partir le lendemain au point du jour. Elle dormait de ce sommeil léger, inquiet, prodigue de rêves sinistres, qui n'interrompt point les grandes douleurs, même pendant le calme des nuits, lorsque, à travers ce demi anéantissement de la pensée, elle s'entendit appeler... c'était la servante de l'auberge.

— Levez-vous mademoiselle, disait cette fille, que les malheurs de Léontine intéressaient, levez-vous vite, il y a là bas une dame respectable qui désire vous parler... c'est une bonne ame, mademoiselle, car elle songe à vous emmener dans sa voiture jusqu'à Paris... mais elle veut vous voir.

— Dites que je descends, Agathe, répondit Léontine, qui se hâta de jeter sur elle une robe d'indienne, qu'elle devait porter en route.

L'orpheline fut rendue dans la salle basse de l'hôtellerie presque aussitôt que la servante. Sa protectrice inconnue était une femme d'environ quarante ans; ses traits avaient été réguliers et piquans; mais ils n'offraient plus que les traces d'une beauté dégradée. Ses yeux, grands, expressifs, un peu hardis, semblaient, par le feu qui en jaillissait, avoir creusé leurs orbites, maintenant bordées d'un cercle livide. Elle avait les joues flasques, les lèvres pâles et gercées, les dents longues et déchaussées; un fard épais couvrait son teint, dont il gouachait la pâleur naturelle sans en déguiser le tissu dartreux. Du reste, cette dame était encore pourvue de toutes les séductions que réunit un corps heureusement conformé : grande, bien faite, possédant une jolie jambe, un petit pied, rien ne manquait à cet ensemble, car l'âge ne lui avait pas enlevé ces appas que le regard se plaît à caresser dans leurs voluptueux contours; et l'on pouvait reconnaître aisément que leur forme, bien prononcée, n'était point une déception.

— Approchez, mon enfant, dit cette femme en braquant son lorgnon sur Léontine; on m'a conté vos infortunes... c'est bien pathétique, bien touchant, machère; nous imprimerons cela quelque jour... Jolie comme un ange, poursuivit l'inconnue en écartant de sa main endiamantée quelques boucles de cheveux qui couvraient le front de la jeune fille... Et puis une taille délicieuse! continua-t-elle en attirant l'orpheline sur ses genoux... et la gorge!... ah! ravissante!... que je suis donc heureuse, ma belle colombe, du choix que la Providence a fait de moi pour finir vos peines!

— Finir mes peines! madame... jamais, répondit Léontine en secouant la tête avec tristesse... mais je suis bien reconnaissante de vos bontés... je ne les oublierai jamais...

— Vous acceptez donc une place dans ma voiture, ma toute belle?

— Puisque vous êtes assez bienveillante pour me l'offrir, madame; je ne la refuserais que si je croyais vous causer la moindre gêne...

— De la gêne, au contraire, mon enfant; j'aurai en vous une bien agréable compagnie... Mais embrassez-moi donc?... Et l'obligeante voyageuse, enlaçant de ses bras la taille déliée de Léontine, la pressa presque convulsivement contre son sein, et colla sa bouche flétrie aux lèvres si fraîches, si pures de l'orpheline...

Ce baiser ainsi placé, l'émotion qu'il causa à l'inconnue parurent étranges à Léontine; mais la pauvre petite était si candide! elle ignorait que parmi les vices il se trouve aussi des monstres. La dame bienveillante appartenait à l'école de mademoiselle Raucourt, portée jusqu'à la philosophie de Sapho par Caroline de Naples; l'ardente protectrice se flattait d'avoir trouvé une autre lady Hamilton.

VI.

Une Sapho de la Chaussée-d'Antin.

A six heures du matin, Léontine, après avoir fait un dernier pélerinage à la tombe d'Adolphe, monta dans la voiture de madame de Saint-Amaranthe. Si l'orpheline eût été moins inexpérimentée, ce nom romanesque aurait excité ses soupçons; mais elle ignorait qu'il existe dans le monde une foule de *saints* qui se sont canonisés eux-mêmes de leur vivant, pour usurper toute autre chose que des prières : légende à part où les dames sont en majorité, quoique les élues soient complètement affranchies du martyrologe.

— Nous voyagerons à petites journées, dit la nouvelle protectrice de Léontine, lorsqu'on fut en route; les voyages de nuit m'agacent les nerfs; car vous saurez, mon enfant, que j'ai les nerfs extrêmement délicats... A trente ans (soustraction d'un quart), je suis plus impressionnable que je ne l'étais à dix-huit..... une sensibilité qu'un rien excite, un organisme sur lequel vibre la moindre sensation. Dieu ! qu'on est à plaindre d'être ainsi constituée! Heureusement nous avons la bienfaisance, vase précieux, calice sacré dans lequel les ames honnêtes versent pieuse-

ment le trop plein d'un cœur sensible...
Je viens de fonder à Bruxelles une maison où
l'humanité trouve à toute heure des secours;
la réputation de celle que j'entretiens à Paris
depuis cinq ans est européenne. Au moment
où la Belgique s'organise, on m'a suppliée
d'y venir créer moi-même un établissement
à l'instar du mien; et, toujours mue par l'amour ardent du prochain, je n'ai pas hésité à me rendre aux vœux des Belges, malgré la fatigue extrême que me causent les
déplacemens. Mon médecin a combattu quatre jours tout entiers ma résolution : il m'a
montré je ne sais quelle phalange de pneumonies, de gastrites, de gastroentérites :
Broussaïste intrépide, il a fait fourmiller
dans ses menaces une myriade de sangsues.
Précautions en pure perte ! l'humanité
me réclamait, j'ai fait sur l'heure demander des chevaux de poste.

— Ah! madame, la belle mission que votre excellent cœur vous a donnée, s'écria Léontine, pénétrée de vénération : on proclamera votre nom avec celui du pieux Vincent de Paul; car votre vocation charitable ressemble à la sienne.

—Pas précisément : nos écoles diffèrent en quelques points, et, soit dit entre nous, je crois savoir mieux que ce saint homme contribuer à la félicité humaine... vous verrez, cher ange; car je veux vous inculquer mes principes.

— Ah! madame, dit l'orpheline en baisant la main de sa nouvelle bienfaitrice, Dieu m'a comblée de sa grâce en me faisant trouver sur vos pas. Je vous devrai tout le bonheur que je puis retrouver sur la terre; sous votre protection respectable, je pourrai me présenter à madame Imbert: j'allais être sa bru, et protégée par vous, elle me pardonnera, elle servira de mère à celle que son malheureux fils aimait tant.

—Je crains, bonne Léontine, reprit madame de Saint-Amaranthe, je crains beaucoup que vous ne vous abusiez. Je connais madame Imbert : c'est une femme collet monté, une vertu austère ; et croyez-en mon expérience, la mort de son fils, dont votre enlèvement fut, sinon la cause, du moins l'occasion, l'éloignera toujours de vous. Reste avec moi, bel ange, poursuivit-elle avec feu, ma maison t'est ouverte comme mon cœur; nulle part la vie ne peut s'offrir à toi plus suave, plus exempte de labeur ; ton unique soin sera d'être heureuse, si tu es organisée pour le bonheur, entendu dans sa plus expansive condition. Je reçois beaucoup : le plaisir sous ma main sait prendre toutes les formes; il revêt les nuances les plus enchanteresses. Charitable sans bigotisme, ma charité est la sœur des grâces ; mes bienfaits s'harmonisent avec toutes les passions.

Avec la moindre connaissance du monde, l'orpheline eût reconnu que madame de Saint-Amaranthe était une femme corrompue; sa charité, un système infâme de libertinage ; l'établissement de bienfaisance dont elle se déclarait la directrice, une maison de prostitution. Son voyage avait eu pour objet d'installer le vice à Bruxelles sur le même pied qu'à Paris : spéculatrice en grand, elle possédait une maison à l'étranger, et grossissait son pécule d'un produit exotique de corruption.

Mais que la vérité était loin de luire à Léontine ! Pure, elle n'avait que des idées de pureté : son innocence tombait, agneau sans défiance comme sans tache, sous la dent d'une louve dévoratrice.

— Voyons, Léontine reprit l'astucieuse,

créature, après quelques instans de silence ;
ouvre-moi ton petit cœur; je suis ta bien
bonne amie, vois-tu, et je dois connaître tous
tes jolis secrets. Ce monsieur Adolphe, tu
l'aimais donc bien?...

— Ah! plus que la vie, car je voudrais
être morte pour le rejoindre...

— Bon, murmura Madame de Saint-Amaranthe, cela promet. Puis elle continua plus
haut... Quant à mourir, belle colombe, cela
se dit, mais cela ne s'effectue pas: la Providence nous a donné une tâche à remplir;
c'est lui désobéir que d'en abréger le cours...

— Ah! madame, je n'y pense pas... je sais
que le suicide est un crime; la mort est aux
ordres de Dieu, notre devoir est de l'attendre.

— Et dis-moi, mon enfant, M. Adolphe
était-il ton premier amant?

— Est-ce qu'on peut en avoir deux, madame? demanda candidement l'orpheline.

— Charmante naïveté! ainsi, ma toute belle, tu n'as jamais été qu'à M. Imbert.

— Je ne vous comprends pas, madame; je n'ai accordé à M. Imbert aucun droit qui ressemblât à la possession ; il n'avait reçu encore que ma foi... Dieu seul pouvait lui donner ma personne au pied de l'autel..... nous y allions.

— Quoi! cher ange, nonobstant un enlèvement et un voyage nocturne ; là, côte à côte, respirant ensemble dans l'enceinte étroite d'une calèche... pas la moindre liberté de sa part, pas la moindre faiblesse de la tienne?...

— Madame, Adolphe m'aimait véritablement... il me respectait...

— Une virginité! murmura tout bas la créature dissolue... Ah! l'excellente aubaine... il y a si long-temps que je cherchais ce phœnix du dix-huitième printemps d'une fille.

On parvint à la couchée, et Léontine entendit avec surprise madame de Saint-Amaranthe demander une seule chambre, un seul lit.

—Tu vas rire de ma faiblesse, dit cette dame en continuant de tutoyer sa protégée : apprends que je suis si peureuse en voyage, que je ne puis coucher seule... j'avais emmené de Paris une femme de chambre, qui m'a tenu compagnie au lit jusqu'à Bruxelles; mais je me suis aperçue qu'elle me volait; je l'ai chassée, et j'étais décidée à courir la poste en pleine nuit, plutôt que de coucher seule dans une auberge, quand je t'ai rencontrée...

— Mon Dieu, madame, répondit l'orpheline en rougissant, je n'ai jamais couché avec personne... peut-être vous incommoderai-je.

— Oh! que non, bien loin de là... j'aime

à sentir le contact d'une peau douce comme l'est, j'en suis sûre, la tienne... vrai, poursuivit madame de Saint-Amaranthe, dont le regard étincelait, je préfère une jolie coucheuse comme toi à la compagnie d'un homme... des hommes, des hommes... leur empressement d'une minute, d'une seconde... véritable pitié... Et puis... on en a tant vu.....

—Vous avez donc été mariée plusieurs fois ? demanda Léontine avec sa candeur d'enfant...

—Oui, oui, poulette, bien des fois, repartit la courtisane surannée en riant avec malice; et pour mon compte, je suis lasse, oh! mais extrêmement lasse, d'un sexe qui ne sait qu'à de rares et rapides intervalles, faire oublier son impérieuse domination... En vérité, Léontine, tout compte fait, un homme n'a pas vingt jours complets de bon dans toute sa vie.

— Oh ! mon Dieu, que dites-vous là !

— Que cela ne t'inquiète pas, toutefois ; je t'apprendrai comment, avec ces fragmens de félicité, une femme adroite sait se faire une félicité complète.

Léontine ne répondit point ; elle n'avait pas compris.

Après le souper, Madame de Saint-Amaranthe, attirant l'orpheline sur ses genoux, lui dit qu'elle allait la déshabiller, à charge de réciprocité ; et d'un tour de main cette habile femme de chambre fut au bout de sa tâche... Elle se prit alors à promener des mains tremblantes sur toute la personne de sa protégée, louant avec feu tel contour, caressant du toucher telle forme, baisant cette partie, entourant cette autre d'un lacet pour la mesurer curieusement... Léontine rougissait et laissait faire : la pauvre petite n'avait appris à se défier que d'un sexe; elle était contrariée, mais sans crainte.

— C'est maintenant à mon tour de vous déshabiller dit-elle en se levant... Dieu! comme me voilà... si la porte était mal jointe...

— Eh! non, Léontine, elle ferme bien; d'ailleurs personne ne nous épie. N'éteignons pas la lumière ; il faut voir clair pour me déshabiller.

La surannée coquette savait qu'elle allait découvrir certaines perfections à sa jeune compagne : elle se pérait influencer son imagination. Bientôt Madame de Saint-Amaranthe entraîna l'orpheline sur la couche unique. Nous tairons tout ce qu'une passion monstrueuse causa de surprise et même d'effroi à Léontine ; il suffira de dire que, sentant cette femme immobile à ses côtés, après la plus étrange agitation, l'orpheline allait se lever pour appeler quelqu'un, lorsque Madame de Saint-Amaranthe, revenue à elle, la retint.

Pendant les trois nuits que Léontine et sa protectrice passèrent en route, de semblables scènes se renouvelèrent chaque soir; du reste, Madame de Saint-Amaranthe traitait notre héroïne comme un amant traite sa maîtresse, sans alarmer sa pudeur; car la pauvre fillette ne se doutait nullement que cette dame l'aimait en effet avec la même effervescence de sens que si elle eût été un beau jeune homme. Sa pureté ne fut point souillée: le contact du vice ne suffit pas pour flétrir l'innocence.

Vers le milieu du quatrième jour de voyage, la voiture s'arrêta rue Taitbout, devant une belle maison; un de ces portiers qui ne connaissent pas d'autres élémens de considération que les bûches redoublées, les étrennes et les pour-boire, vint ouvrir la portière avec respect. Il y eut encore des démonstrations respectueuses sur l'escalier, puis dans l'anti-chambre : Léontine dut en conclure que sa bienfaitrice était décidément une femme digne d'estime. Une chose frappa l'orpheline, sans toutefois troubler sa sécurité : Au moment où Madame de Saint-Amaranthe allait ouvrir la porte du salon, un bruit de pas précipités, qu'accompagnait le froissement de plusieurs jupes, se fit entendre dans cette chambre ; et lorsque les voyageuses y entrèrent, on refermait une seconde porte communiquant à d'autres pièces. La maitresse de la maison jeta un regard sévère sur le laquais qui la suivait, il baissa les yeux en signe d'humilité ; on se contenta de ce témoignage de contrition, en ajoutant : — Que cela n'arrive pas une autre fois.

Les appartemens de madame de Saint-Amaranthe étaient superbes ; son domestique nombreux annonçait l'opulence; l'orpheline se confirmait dans l'opinion qu'elle avait été recueillie par une dame de haute condition. A ce titre, ses passions sans frein avaient cessé de surprendre Léontine; elle savait déjà qu'une latitude infinie de moralité est accordée aux grands, et que cette classe privilégiée peut tout oser impunément sous son égide d'or.

V.

Candeur Abusée.

Le lendemain, de bonne heure, et tandis que Léontine reposait encore dans une chambre élégante, madame de Saint-Amaranthe était à son sécretaire. Un romancier est toujours appuyé sur le dos du fauteuil de ses personnages lorsqu'ils écrivent ; nous pouvons donc révéler indiscrètement ce que la dame matineuse écrivait ; le voici :

« Je suis revenue, mon cher comte, fort
« satisfaite du résultat de mon voyage. Ma
« maison de Bruxelles a fait merveilles sur-
« le-champ. Les grisettes brabançonnes *tra-*
« *vaillaient* pour leur compte, soit sous le
« petit tablier vert des modistes, soit à
« l'aide du panier, recouvert d'une blanche
« mousseline, que portent les blanchisseuses
« égrillardes (1). Ce commerce était en gé-

(1) En Allemagne, et particulièrement à Hambourg, ce panier est l'enseigne d'un commerce galant, qui, ne se borne pas aux blanchisseuses, les bonnes ou les femmes de chambre le font aussi à l'aide du même insigne. Aussi, lorsqu'elles entrent en condition, débattent-elles deux, trois ou quatre heures par jour *de panier*, et comme les maîtresses y gagnent quelque diminution dans les gages, leur longanimité calculatrice se prête au marché.

« néral peu fructueux : il y a là bas beaucoup
« de libertins honteux, qui n'osent ni des-
« cendre dans la rue, ni se hisser, par un
« escalier tortueux, jusqu'au grenier d'une
« fillette. Il fallait dans la capitale du nou-
« veau royaume belge un établissement,
« partie salon, partie estaminet, partie *musi-*
« *cos* (2), où le vice pût prendre l'apparence
« d'un passe-temps honnête. J'ai réuni, à cer-
« taines conditions, les beautés qui se traî-
« naient le soir le long des murailles; je leur ai
« donné des toilettes, un maître à danser,
« quelques préceptes de rouerie, et j'ai
« prescrit à la plupart de parler le moins
« possible. On a joué, bu, chanté, dansé,
« politiqué dans ma maison; l'or a coulé
« sous mes mains par vingt sources impures,
« et je vous assure, mon cher comte, qu'il

(1) Nom donné en Hollande à des maisons où l'on
boit et fait l'amour.

« ne me vaudra pas pour celà moins d'hom-
« mages. Enfin, je suis partie, laissant pour
« sous-directrice du nouvel *institut* une ac-
« trice du grand théâtre, qui m'a paru
« bien entendre la haute administration.
« Ainsi, complétant en Belgique la propa-
« gande de juillet, je laisse dans ce pays un
« grand établissement libéral de plus.

« Le point vraiment curieux de l'affaire,
« c'est que j'ai trouvé dans une bourgade de
« la frontière belge ce que nous cherchons
« en vain à Paris depuis si long-temps : de
« la beauté, dix-huit ans et une innocence
« sans brèche... Si vous êtes raisonnable,
« je vous livrerai cela, mon cher comte,
« sauf le prélèvement que j'ai coutume de
« faire sur mes élèves, et qui vous fait tant
« rire, sans que vous ayez à produire d'aussi
« bons argumens que les miens.

« Ne manquez pas ce soir à mon assem-
« blée; il y aura de forts parieurs à l'écarté;
« vous trouverez aussi des femmes de petits
« commis, de surnuméraires, d'officiers
« absens, qui se feraient un vrai plaisir
« d'être faibles avec vous, si vous ne l'étiez
« pas maintenant plus qu'elles, par une autre
« extrémité de l'échelle des faiblesses hu-
« maines.

« Bonjour, mon cher comte; je vous sou-
« haite tout ce que vous n'avez plus, et
« certes! personne ne peut vous désirer
« plus de bien.

« Arsène de Saint-Amaranthe. »

Dans l'après-dinée, la dame charitable voulut présider elle-même à la toilette de Léontine.

— Tu vas faire ton entrée dans le monde, bel ange, lui dit-elle, en ouvrant une vaste

armoire où trente, robes de toutes tailles et
et d'une élégance recherchée, étaient appendues. Les personnes qui viennent chez
moi sont connaisseuses; il faut relever tes
charmes naturels de manière à provoquer
une vive sensation... car, mon enfant,
point de sensation, point de réussite : une
jolie femme qui ne sait pas se produire est
éclipsée par la moindre petite grisette au
nez retroussé. Tu vois que je te donne le
choix dans un assortiment d'atours bien
fourni...

— Vraiment, madame, je suis éblouie;
mais j'avoue qu'il m'est difficile de deviner
comment peuvent vous servir ensemble tant
de robes, faites d'après les inspirations capricieuses de cette mode qui passe si vite, et
qui relègue aujourd'hui parmi les objets
ridicules ceux dont elle raffolait hier.

— Tu vois bien, pouiette, que ces robes sont de diverses grandeurs.

— C'est surtout ce qui m'étonne : beaucoup d'entre elles ne pourraient vous servir.

— Aussi ne sont-elles pas faites pour moi. Ecoute, Léontine, ma bienfaisance adopte particulièrement les jeunes filles, et je préfère celles qui sont jolies. N'en sois point surprise : cette préférence est plus équitable que tu ne penses : une figure agréable annonce d'ordinaire une belle ame. Or, plus on décore cette enseigne séduisante, plus on captive d'admirateurs aux qualités solides qu'elle signale : souvent c'est de la parure que naît l'indispensable sensation dont je te parlais tout-à-l'heure...

— Il me semble cependant que la vertu...

— La vertu en guenilles va mourir à l'hôpital, quand on veut bien l'y recevoir.

Il y avait dans ces dernières paroles un dédain, un mépris qui mettaient à nu le caracrère vicieux de la courtisane directrice. Mais l'expérience manquait à l'orpheline : ce grand rayon de lumière glissa devant elle sans l'éclairer.

— Allons, petite, poursuivit madame de Saint-Amaranthe en saisissant Léontine par le bras, viens que je t'habille. Nous avons du monde ce soir; je veux que rien ne manque à ta parure. — Et tout en parlant ainsi, la dame obligeante faisait tomber aux pieds de l'orpheline robe et jupes, pour reprendre, disait-elle, sa toilette à l'origine.

— Mais, madame, disait la jeune fille en rougissant jusqu'aux yeux, me voici dans un état... Si quelqu'un allait venir...

— Eh! non, enfant, personne ne peut entrer. Tiens regarde ces bas à jour brodés, comme ils vont bien faire valoir ta jolie jambe!.... Approche de ce canapé, que je chausse moi-même... Bon, assieds-toi sur mes genoux... comme te voilà vermeille...

— C'est que... j'ai honte, madame...

— Es-tu folle? entre femmes... Eh bien! ajouta madame de Saint-Amaranthe en posant la main sur le beau sein qu'elle avait mis à découvert, nulle palpitation au cœur! En vérité l'on dirait que cet albâtre vivant a l'insensibilité du marbre, comme il en affecte la blancheur!... Dieux! à ton âge, le toucher d'un amie m'eût causé la plus délicieuse sensation. Et, tiens, encore en ce moment, rien que de te sentir, là sur mon genou... Juges, toi-même.

A ces mots, cette femme passionnée, s'emparant avec transport d'une main de Léontine, la promena sur toute sa personne, à peine recouverte d'une redingote de mousseline, qu'elle écarta. Ses nerfs irrités ne purent supporter cette épreuve; elle tomba, les membres raides, sur le canapé, entraînant Léontine captive dans le cercle de ses bras contractés. Ce n'était point un évanouissement, mais un accès de fureur histérique; dans le court espace d'une minute, madame de Saint-Amaranthe eut mis en lambeaux son vêtement léger, et l'unique tissu qu'elle avait laissé sur l'orpheline... celle-ci mourait de frayeur; le tremblement universel dont elle était saisie répondait aux soubresauts convulsifs qui, de la tête aux pieds, faisaient bondir les muscles de la courtisane. Enfin l'innocente créature, cramponnée pour ainsi dire par son étrange amant, dût subir tous les caprices de sa passion fougueuse... Que dire de plus? l'orpheline supplia, se plaignit, sanglota,... puis une sensation inconnue, une sorte d'engourdissement éteignit sa résistance : elle n'eut plus de volonté...

— Et vous êtes une femme? dit Léontine avec surprise, quand madame de Saint-Amaranthe lui rendit la liberté...

— En peux-tu douter, mon enfant?

— Au moins, je ne suis pas deshonorée.

— Ecoute, bonne Léontine, l'heure de la vérité est venue : je vais te parler sans feinte, sans détour. Tu sais en quelle situation je t'ai rencontrée; lorsqu'on est réduit à une telle extrémité, il ne faut plus songer à régir sa conduite d'après les règles faites pour une société prospère. Je ne connais qu'une sorte d'honneur qui soit le lien de toutes les classes, de toutes les conditions : C'est la probité; car on ne peut la violer sans nuire à autrui. Là, mon enfant, se découvre le point de connexité qui lie la loi morale à la loi naturelle. Quant à l'honneur d'apparat, né des conventions sociales, qu'il soit fort, persistant, inflexible dans une vie comblée de biens et de jouissances, je conçois cela : c'est une belle vanité dont le riche peut se parer sans peine. Mais que devient cette vertu faite pour l'être pourvu, en présence de la nécessité, loi despotique, résultant de notre organisme même? Quoi! sans nuire à qui que ce soit, je puis obtenir le bonheur qu'une destinée ingrate me refuse, ou mettre fin à la misère qu'elle m'impose, et je m'abstiendrais, par respect pour des principes, des chimères qu'on ne sent surgir d'aucune région du naturel... : illusions austères qui ne payent pas d'une mince parcelle de félicité les efforts qu'elles coûtent, et dont le monde se moque en les imposant!... Absurdité! Absurdité!

— Mais, madame, la conscience...

— Léontine, entendons-nous sur ce mot: selon moi, la conscience, c'est l'accent intérieur de la probité, qui défend d'enrichir son bien-être par des soustractions faites aux autres. Mais j'appelle simplement orgueil et orgueil mal entendu la prétendue conscience dont l'unique résultat est une privation. Après le jeûne des dévots, je ne connais pas une plus niaise inspiration. Revenons à toi. Orpheline, abandonnée, belle, exposée conséquemment à tous les dangers, tu n'aurais pas sauvé huit jours, à Paris, cet honneur que d'étroits préjugés t'ont appris à respecter; dès les premiers pas que tu aurais faits dans cette capitale, un habile seducteur t'eût ravi ce bien chimérique...

— Jamais, madame; le souvenir d'Adolphe l'eût défendu.

— Erreur, Léontine: deux ennemis redoutables se fussent ligués contre ce fantôme de vertu: l'adresse et la nature; cette nature, si impérieuse à dix-huit ans, qui tout-à-l'heure se révélait, à ton insu, dans mes bras, à moi qui ne suis qu'une femme. Tu aurais donc perdu gratuitement cet honneur stérile, ce domaine sans revenu, dont le sacrifice peut au moins être profitable.

— Je ne vous comprends pas, madame.

— Je vais parler clairement. Partout les faveurs d'une femme sont une valeur commerciale: à Paris surtout, la beauté procure plus d'or qu'une mine du Potose. Léontine, je veux diriger ton début dans les affaires..

— Grand Dieu! qu'ai-je entendu, l'affreuse prostitution...

— Mot vide de sens, inventé pour l'effroi des sots... Ouvre la Bible, la légende; elles sont pleines des exploits et des noms de saintes femmes qui se sont *prostituées*, comme disent les esprits obtus. Sara, les filles de Loth, Agar et tant d'autres, n'ont-elles pas payé à l'humaine faiblesse ces tributs fréquens, qu'une civilisation pointilleuse et dissolue en même temps a si brutalement qualifiés?

Je dirai plus, chère petite, la fable sacrée qui nous montre Madeleine acquittant de ses faveurs son passage sur un bac, n'est, je le parie, qu'une allusion ingénieuse, signifiant qu'une jolie femme doit, au besoin, s'aider de ses charmes pour traverser le fleuve de la vie.

— Subtilités, subtilités infâmes! sécria Léontine exaspérée... Hélas! je vois trop maintenant le piége tendu sous mes pas! Madame, vous vous jouez indignement du seul bien que je possède : cette innocence, qui m'avait mérité l'estime de M. Imbert... Mais, il veille sur sa fiancée du ciel où ses vertus l'ont conduit : il me donnera la force de fuir. C'est affreux, madame, d'avoir trompé une pauvre fille... Laissez-moi, ne m'approchez pas, je reprends mes simples habits; vous vouliez me faire payer trop cher votre faste impur. Oh! mon sauveur, je te remercie d'avoir fait luire à mes yeux la lumière au bord du précipice où j'allais tomber.

Et l'orpheline reprenait à la hâte le vêtement noir qu'elle portait à son arrivée; et sa main tremblante rattachait la longue chevelure qui flottait sur ses blanches épaules, encore empreintes des baisers ardens d'une virilité illusoire. Puis, ayant réuni précipitamment dans un mouchoir le peu d'effets qu'elle avait apporté rue Taitbout, Léontine s'avance vers la porte...

— Où voulez-vous aller, mon enfant, lui dit madame de Saint-Amaranthe avec douceur, en lui barrant le passage.

— Je m'éloigne d'une maison où je n'aurais pas dû entrer; je vais je ne sais où... peu importe... l'essentiel est de fuir tandis qu'il en est temps encore...

— Vous vous trompez, Léontine; il est trop tard. Quand une jeune personne a mis le pied chez la Saint-Amaranthe, c'en est fait; elle est sortie sans retour du chemin de la vertu... Votre nom, votre signalement sont inscrits à la police... Vos scrupules, votre honneur ne sont plus qu'un luxe inutile ; vos charmes sont à l'état... vous êtes estampillée *fille publique*

— Je me meurs !

En prononçant cette exclamation, Léontine tomba de toute sa hauteur sur le parquet; sa tête heurta violemment le pied d'une toilette... Elle demeura étendue sans mouvement... Madame de Saint-Amaranthe, encore presque nue et toute souillée des témoignages de sa luxure, sonna cependant avec force. Vingt femmes accoururent : les unes à peu près dans l'état de nudité où se trouvait leur directrice, d'autres en peignoir ou en simple corset, quelques unes déjà parées. Toutes s'empressèrent autour de notre orpheline:

c'eût été un modèle tout disposé pour notre grâcieux Girodet si, enlevé moins jeune aux arts, il eût voulu peindre l'innocence évanouie au milieu d'une troupe de bacchantes.

www.ingramcontent.com/pod-product-compliance
Lightning Source LLC
Chambersburg PA
CBHW070851170426
43202CB00012B/2035